激荡：20世纪30年代的美国工人运动

Turbulence: American Labor Movement in the 1930s

俞 凤 著

导师 张光明

中国社会科学出版社

图书在版编目(CIP)数据

激荡:20世纪30年代的美国工人运动/俞风著.—北京:中国社会科学出版社,2020.10

(中国社会科学博士论文文库)

ISBN 978-7-5203-7097-4

Ⅰ.①激… Ⅱ.①俞… Ⅲ.①工人运动—研究—美国—20世纪30年代 Ⅳ.①D417.12

中国版本图书馆CIP数据核字(2020)第164086号

出 版 人	赵剑英
责任编辑	黄 晗
责任校对	李 莉
责任印制	李寡寡

出　　版	中国社会科学出版社
社　　址	北京鼓楼西大街甲158号
邮　　编	100720
网　　址	http://www.csspw.cn
发 行 部	010-84083685
门 市 部	010-84029450
经　　销	新华书店及其他书店
印　　刷	北京明恒达印务有限公司
装　　订	廊坊市广阳区广增装订厂
版　　次	2020年10月第1版
印　　次	2020年10月第1次印刷
开　　本	710×1000 1/16
印　　张	11.5
插　　页	2
字　　数	203千字
定　　价	68.00元

凡购买中国社会科学出版社图书,如有质量问题请与本社营销中心联系调换
电话:010-84083683
版权所有　侵权必究

《中国社会科学博士论文文库》
编辑委员会

主　　任：李铁映
副 主 任：汝　信　江蓝生　陈佳贵
委　　员：（按姓氏笔画为序）
　　　　　　王洛林　王家福　王缉思
　　　　　　冯广裕　任继愈　江蓝生
　　　　　　汝　信　刘庆柱　刘树成
　　　　　　李茂生　李铁映　杨　义
　　　　　　何秉孟　邹东涛　余永定
　　　　　　沈家煊　张树相　陈佳贵
　　　　　　陈祖武　武　寅　郝时远
　　　　　　信春鹰　黄宝生　黄浩涛
总 编 辑：赵剑英
学术秘书：冯广裕

总　序

在胡绳同志倡导和主持下，中国社会科学院组成编委会，从全国每年毕业并通过答辩的社会科学博士论文中遴选优秀者纳入《中国社会科学博士论文文库》，由中国社会科学出版社正式出版，这项工作已持续了12年。这12年所出版的论文，代表了这一时期中国社会科学各学科博士学位论文水平，较好地实现了本文库编辑出版的初衷。

编辑出版博士文库，既是培养社会科学各学科学术带头人的有效举措，又是一种重要的文化积累，很有意义。在到中国社会科学院之前，我就曾饶有兴趣地看过文库中的部分论文，到社科院以后，也一直关注和支持文库的出版。新旧世纪之交，原编委会主任胡绳同志仙逝，社科院希望我主持文库编委会的工作，我同意了。社会科学博士都是青年社会科学研究人员，青年是国家的未来，青年社科学者是我们社会科学的未来，我们有责任支持他们更快地成长。

每一个时代总有属于它们自己的问题，"问题就是时代的声音"（马克思语）。坚持理论联系实际，注意研究带全局性的战略问题，是我们党的优良传统。我希望包括博士在内的青年社会科学工作者继承和发扬这一优良传统，密切关注、深入研究21世纪初中国面临的重大时代问题。离开了时代性，脱离了社会潮流，社会科学研究的价值就要受到影响。我是鼓励青年人成名成家的，这是党的需要，国家的需要，人民的需要。但问题在于，什么是名呢？名，就是他的价值得到了社会的承认。如果没有得到社会、人民的承认，他的价值又表现在哪里呢？所以说，价值就在于对社会重大问题的回答和解决。一旦回答了时代性的重大问题，就必然会对社会产生巨大而深刻的影响，你也因此而实现了你的价值。在这方面年轻的博士有很大的优势：精力旺盛，思想敏捷，勤于学习，勇于创新。但青年学者要多向老一辈学者学习，博士尤其要很好地向导师学习，在导师的指导下，发挥自己的优势，研究重大问题，就有可能出好的成果，实现自己的价值。过去12年入选文库的论文，也说明了这一点。

什么是当前时代的重大问题呢？纵观当今世界，无外乎两种社会制度，一种是资本主义制度，一种是社会主义制度。所有的世界观问题、政治问题、理论问题都离不开对这两大制度的基本看法。对于社会主义，马克思主义者和资本主义世界的学者都有很多的研究和论述；对于资本主义，马克思主义者和资本主义世界的学者也有过很多研究和论述。面对这些众说纷纭的思潮和学说，我们应该如何认识？从基本倾向看，资本主义国家的学者、政治家论证的是资本主义的合理性和长期存在的"必然性"；中国的马克思主义者，中国的社会科学工作者，当然要向世界、向社会讲清楚，中国坚持走自己的路一定能实现现代化，中华民族一定能通过社会主义来实现全面的振兴。中国的问题只能由中国人用自己的理论来解决，让外国人来解决中国的问题，是行不通的。也许有的同志会说，马克思主义也是外来的。但是，要知道，马克思主义只是在中国化了以后才解决中国的问题的。如果没有马克思主义的普遍原理与中国革命和建设的实际相结合而形成的毛泽东思想、邓小平理论，马克思主义同样不能解决中国的问题。教条主义是不行的，东教条不行，西教条也不行，什么教条都不行。把学问、理论当教条，本身就是反科学的。

在21世纪，人类所面对的最重大的问题仍然是两大制度问题：这两大制度的前途、命运如何？资本主义会如何变化？社会主义怎么发展？中国特色的社会主义怎么发展？中国学者无论是研究资本主义，还是研究社会主义，最终总是要落脚到解决中国的现实与未来问题。我看中国的未来就是如何保持长期的稳定和发展。只要能长期稳定，就能长期发展；只要能长期发展，中国的社会主义现代化就能实现。

什么是21世纪的重大理论问题？我看还是马克思主义的发展问

题。我们的理论是为中国的发展服务的，绝不是相反。解决中国问题的关键，取决于我们能否更好地坚持和发展马克思主义，特别是发展马克思主义。不能发展马克思主义也就不能坚持马克思主义。一切不发展的、僵化的东西都是坚持不住的，也不可能坚持住。坚持马克思主义，就是要随着实践，随着社会、经济各方面的发展，不断地发展马克思主义。马克思主义没有穷尽真理，也没有包揽一切答案。它所提供给我们的，更多的是认识世界、改造世界的世界观、方法论、价值观，是立场，是方法。我们必须学会运用科学的世界观来认识社会的发展，在实践中不断地丰富和发展马克思主义，只有发展马克思主义才能真正坚持马克思主义。我们年轻的社会科学博士们要以坚持和发展马克思主义为己任，在这方面多出精品力作。我们将优先出版这种成果。

2001年8月8日于北戴河

摘 要

美国工人运动有着悠久的历史,并呈现出阶段性的起伏变化,其中20世纪30年代更是一个承前启后的重要转折期。本书通过回顾这段历史,指出当时美国工人在经济领域内取得一定的成就,却没能在政治领域内建立起强大的工人政党。换言之,工会主义在这一时期迅速发展而社会主义政治运动却日渐衰落。本书分别探讨了这两个现象的原因,以求更加正确地认识该时期美国工人运动的特点。

本书以历史唯物主义为方法论,在国内外现有学术成果的基础上,收集了大量历史资料和统计数据,以求全面展示当时工人运动的情况。研究指出,20世纪30年代,美国工人的经济运动经历了从复苏、转折到巅峰的三个阶段。这一发展轨迹与美国工人、工人组织及当时的政治环境密切相关。鉴于美国工人的内部分化、政治上的保守和资本力量的强大,大萧条初期的工人运动受到很大程度的制约。随着经济的进一步衰落和罗斯福新政的出台,越来越多的工人加入工会,使工人运动出现了转折。最后,在工人组织相互合作和有利政治环境的影响之下,美国工人掀起了30年代的罢工高潮,推动了集体谈判制度的最终确立。在政治斗争中,美国工人既没有与社会主义政党紧密结合在一起,也没有建立起独立的统一工人党,而是在这一时期确立了同民主党之间的政治联盟。这样的发展轨迹与美国独特的政治制度和美国工会的发展历史是分不开的。

本书认为,20世纪30年代是美国工人运动史的关键时期。在经济危机的影响下,新政的出台为工人运动的发展提供了有利的制度环境。工人运动在这一时期的蓬勃发展推动了工会力量的迅速壮大,最终促成集体谈判机制的确立。与同时期的西欧资本主义社会相比,美国工人运动是相当激进的,并取得了重大成绩。在这个过程中,美国工人未能建立起独立的工人党，也没有与当时的社会党或共产党形成政治联盟。但是，美国工人运动在无形中影响了民主党，使之逐渐成为代表社会底层阶级的政党。也正是在这一时期，美国工人与民主党之间的政治联盟得以确立。美国的社会主义力量就在这个过程中逐渐衰落了。这与西欧资本主义社会的发展情况不尽相同，却是资本主义经济发展在美国历史、社会和政治背景下的必然结果。

关键词：美国社会主义，工人运动，罗斯福新政

Abstract

The long history of American labor movement is of periodical rises and falls. And the decade of 1930s is an important turning point for it. By reviewing American labor history of 1930s, the research indicates that at the time American workers safeguarded their economic rights through strikes but failed to establish an independent labor party that was strong enough to compete with the bourgeois political parties. In other words, the trade union movement of the United States in 1930s was upsurging while the socialist movement declining. Through a thorough study on the American labor movement then, the author intends to analyze the reasons for the phenomena and help with a better understanding on US-labor history in 1930s.

This research applies historical materialism as its methodology. Based on current academic works on American labor movement both in China and abroad, the research has also made use of abundant historical records and statistics to comprehensively demonstrate the situation of American labor movement in 1930s. According to the research, the economic movement of American labor has evolved from its reviving period to the transition and peak period in 1930s, which was closely related to the situation of American workers, the labor organizations and the political and social environments at that time. Due to the stratification of American labor, the conservative political environmentand the increasingly powerful bourgeois class in America, labor movement was severely restricted in the early Depression era. With the economic deterioration and the emergence of New Deal, more workers were encouraged to join labor unions, which led the movement to a turning point. Finally, with the cooperation of different labor organizations and favorable political atmosphere, the peak of labor strikes emerged after 1935 and the collective bargaining mechanism was finally established in the United States. Politically, American workers neither allied themselves with left parties in the United States then nor succeeded in establishing an independent and united Labor Party. Instead, they established a political alliance with the Democratic Party in 1930s. This kind of development trackwas determined by the unique political system and the history of labor unions in the United States.

The research maintains that 1930s is a key period in the history of American labor movement. After the economic crisis in 1929, the New Deal supplied favorable environment for the booming development of labor movement, which further promoted the rapid growth of labor unions and the final establishment of collective bargaining system. Compared with labor movements in Western societies then, the American one was quite radical and successful. Although American working men failed to establish an independent Labor Party and ally with Socialist Party or Communist Party, they have virtually influenced the Democratic Party, turning it to a party representing the lower class of the society gradually. It was right at this time that the political alliance between American labor and the Democratic Party was established, and the socialist movement in the United States was declining. The situation might be different from that of the Western societies, but it was the inevitable result of captalist development in the United States.

Key words: American Socialism, Labor Movement, New Deal

目 录

引言 …………………………………………………………………… (1)
    一 问题的提出 ………………………………………………… (1)
    二 选题意义 …………………………………………………… (2)
    三 文献综述 …………………………………………………… (3)
    四 研究方法 …………………………………………………… (26)
    五 全书结构安排 ……………………………………………… (27)

第一章 工人运动的缓慢复苏 ………………………………………… (30)
  第一节 20世纪30年代前美国工人运动的历史演变 ………… (30)
  第二节 大萧条时期的工人运动 ………………………………… (37)
    一 失业工人的反抗活动 …………………………………… (37)
    二 在业工人的罢工斗争 …………………………………… (42)
  第三节 大萧条时期工人运动的复苏为何缓慢? ……………… (46)
  第四节 小结 ……………………………………………………… (52)

第二章 美国工人运动中工会主义的高涨 …………………………… (54)
  第一节 工人运动的转折期:1933—1934年 ………………… (54)
    一 罗斯福新政的出台 ……………………………………… (55)
    二 工会力量的复苏 ………………………………………… (57)
    三 罢工潮的出现 …………………………………………… (61)
    四 罢工潮的根源与存在的问题 …………………………… (73)
  第二节 工人运动的巅峰时期:1935—1939年 ……………… (76)
    一 《国家劳动关系法》 …………………………………… (78)

二　工会力量的持续增强 ……………………………………（79）
　　三　工人运动的新发展 ……………………………………（83）
　第三节　小结 …………………………………………………（90）

第三章　美国工人运动中社会主义的式微 ……………………（94）
　第一节　美国工人的独立政治行动 …………………………（94）
　　一　20世纪30年代的美国社会党与共产党 ………………（96）
　　二　1934—1938年的工人党运动 …………………………（99）
　　三　工人独立政治行动的失败 ……………………………（102）
　第二节　工人独立政治行动失败的原因 ……………………（105）
　　一　历史层面的解释 ………………………………………（105）
　　二　理论层面的归纳 ………………………………………（125）
　第三节　小结 …………………………………………………（128）

结　论 ……………………………………………………………（131）
　　一　20世纪30年代美国工人运动两大发展特点
　　　　之间的联系 ………………………………………………（132）
　　二　正确评价20世纪30年代的美国工人运动 ……………（140）
　　三　从20世纪30年代美国工人运动的发展看
　　　　"美国例外论" …………………………………………（143）

参考文献 …………………………………………………………（149）

攻读学位期间取得的学术成果 …………………………………（164）

索　引 ……………………………………………………………（165）

致　谢 ……………………………………………………………（168）

Contents

Introduction ······ (1)
    I. Thesis Statement ······ (1)
    II. Significance of the Thesis ······ (2)
    III. Literature Review ······ (3)
    IV. Methodology ······ (26)
    V. Framework ······ (27)

Chapter 1 Gradual Resurgence of American Labor Movement ······ (30)
    Section 1 Historical Development of U. S. Labor Movement before the 1930s ······ (30)
    Section 2 U. S. Labor Movement during the Great Depression ······ (37)
        I. Fighting-back of the Unemployed ······ (37)
        II. Strikes of the Employed ······ (42)
    Section 3 Why did the Labor Movement Recover Gradually? ······ (46)
    Section 4 Summary ······ (52)

Chapter 2 The Uprising Trade Unionism in U. S. Labor Movement ······ (54)
    Section 1 Transition: 1933 – 1934 ······ (54)
        I. The New Deal ······ (55)
        II. The Revival of Union Power ······ (57)
        III. The Wave of Strikes ······ (61)
        IV. Roots and Problems of the Srike Wave ······ (73)

Section 2　Heyday: 1935 – 1939 ··· (76)
　　I. National Labor Relations Act ·· (78)
　　II. Continuing Growthi of Union Power ······························ (79)
　　III. New Development of U. S. Labor Movement ················· (83)
Section 3　Summary ··· (90)

Chapter 3　The Declining Socialism in U. S. Labor Movement ······ (94)
Section 1　Independent Political Movement of U. S. Labors ············ (94)
　　I. Socialist Party of America and Communist Party of USA in
　　　the 1930s ·· (96)
　　II. The Labor Party from 1934 to 1938 ······························ (99)
　　III. Failure of the Independent Political Movement ··············· (102)
Section 2　Reasons for the Failure of Labors' Independent Political
　　　　　 Movement ·· (105)
　　I. Historical Interpretation ··· (105)
　　II. Theoretical Interpretation ·· (125)
Section 3　Summary ·· (128)

Conclusion ·· (131)
　　I. How are the Two Features of U. S. Labor Movement in
　　　1930s Related? ·· (132)
　　II. How to Evaluate U. S. Labor Movement of 1930s in
　　　a Proper Way? ··· (140)
　　III. How to Understand "American Exceptionalism" in the
　　　Perspective of U. S. Labor Movement in 1930s ··············· (143)

Bibliography ·· (149)

Academic Achievement during Ph. D. Study ························· (164)

Index ··· (165)

Acknowledgment ··· (168)

引 言

一 问题的提出

美国工人运动的历史相当悠久。自 19 世纪 20 年代起,美国开始出现有组织的工人运动,建立起全国劳工同盟(National Labor Union, 1864)、美国劳动骑士团(Order of the Knights of Labor, 1869)、社会主义工人党(Socialist Labor Party, 1877)等工人组织。进入 20 世纪之后,美国曾多次爆发工人运动潮。其中,30 年代的美国工人运动是 20 世纪资本主义最严峻的经济危机的直接产物,产生了深远的社会影响。

美国历史上几次重大的罢工斗争都在这一时期发生,工会力量在此时得以迅速发展。为此,历史学家欧文·伯恩施坦(Irving Bernstein)称该时期为"动荡"的年代,约翰·纽辛格(John Newsinger)则称之为"反抗"的年代。然而,历史学家杜波夫斯基(Melvyn Dubofsky)却认为,这是一个不那么激进的年代,因为美国工人并未在此时建立起统一的工人政党。[①] 不同学者之所以会得出近乎相反的结论,是因为他们所针对的是美国工人运动的不同侧面。当时,美国工人既开展了工会主义运动,又参与了独立于工会的政治行动。这种工会主义运动主要是通过自发形成的工会为主体进行,以罢工为主要手段来追求更高的工资待遇和更好的工作条件等经济权益,并不以建立工人政党和推翻资本主义制度为根本目标。工人的独立政治运动则具有社会主义性质,是工人尝试建立工人党或加入社会主义政党的运动,以掌握国家政权,从根本上消灭剥削为根本目的。虽

---

① Melvyn Dubofsky, "Not So Radical Years: Another Look at the 1930s", in Eileen Boris & Nelson Lichtenstein, eds., *Major Problems in the History of American Workers*, Boston & New York: Houghton Mifflin Company, 2003, p. 304.

然工会力量在当时得到迅速发展，但工人并未在这个时期形成一支独立的政治力量，向推翻资本主义制度的方向前进，反而愈加走向与民主党的联合。可以说，当时美国工人的工会主义运动是激进、高涨的；而以工人政党夺取政权为目标的独立政治运动却随着时间的推移逐渐衰落。笔者将这一现象称为美国工人运动中工会主义的高涨和社会主义的式微。那么，为什么当时的美国工人运动会呈现出如此的发展特点？运动过程中工会主义的高涨与社会主义的式微之间是否存在逻辑联系呢？带着这些问题，笔者以20世纪30年代的美国工人运动作为本论文的研究对象，探讨当时美国工人运动所呈现出的发展特点，并分析这些特点之间的关联。

二 选题意义

对这一时期美国工人运动的研究具有重要的学术价值。

首先，对这一问题的研究能够填补国内学术界对美国20世纪30年代工人运动研究的空白。虽然我国学术界历来重视美国研究而且成果颇丰，内容涉及经济、政治、文化、外交、历史等方面，但对美国社会主义和工人运动的研究并不算多。目前国内对美国工人运动的研究多属于史实性描述，其中对20世纪30年代美国政治的研究也多集中于新政政策、过程、影响或劳工立法等方面，缺少对该时期工人运动的专门性研究。因此，本书将为国内在美国社会主义及美国工人运动的研究方面增加资料，为后来学者的深入研究抛砖引玉。

其次，虽然国外学者已经针对各个时期的美国工人运动做过大量研究，但对20世纪30年代工人运动的评价仍存有一定争议。在前人研究的基础上，本书从罢工运动和独立政治行动两个方面入手展示美国工人运动的全貌，并利用历史唯物主义进行分析，以求更加深入地了解、更全面地评价该时期的工人运动。

最后，在美国社会主义和工人运动史的研究中，存在着所谓"美国社会主义例外论"的提法。与西欧资本主义社会的工人相比，美国工人并未建立起独立的工人政党或强大的社会主义政党，而是走向了同资产阶级政党的联合。这种现象似乎是种"例外"。笔者希望能够通过探讨20世纪30年代美国工人运动中工会主义高涨和社会主义式微之间的关系，为"美国的社会主义例外论"这个问题提出些新的思路。

三 文献综述

由于语言能力的限制,本书的研究过程以英文和中文文献为主。以下就目前国内外学术界对20世纪30年代美国工人运动的研究进行梳理,以了解现有研究的成果和局限。

(一) 国外研究现状

早在1786年,费城印刷工人大罢工开启了美国工人运动的篇章。然而,直到19世纪七八十年代,美国史学界才开始正式研究美国劳工运动史。目前,美国国内专门针对20世纪30年代工人运动的研究大多数倾向于历史研究,通过考察历史来分析当时工人运动的特点及成败原因。这部分研究已形成一定规模。根据不同学者的关注点,可把相关研究分为三类。

1. 关注组织对工人运动的影响作用

在对20世纪30年代美国工人运动的研究中,很大一部分作品关注的是组织对工人运动的影响作用。这里的组织既包括美国劳联和产联工会组织的作用,又包括美国社会党和共产党等政党。

大多数学者将30年代某些工人罢工事件的失败或工人运动最终没有发展成为社会主义运动归咎于美国劳联工会的策略不当或领导层的官僚主义作风,而把工人运动中所取得的成功归结于产联工会或左派人士的作用。例如,菲利普·塔夫脱(Philip Taft)在《美国工人的结构问题》中指出,劳工联合会在政策上忽视了美国社会的非熟练工人,把他们排除在工会活动之外,限制了美国工人运动的发展。而1935年美国产业组织联合会的出现改变了工人运动一直受到劳联领导的情况,防止美国走向德国式法西斯主义的危险。[1] 迈克尔·霍尼(Michael Honey)以"人民阵线"时期美国田纳西州孟菲斯市的工人运动为例,说明在20世纪30年代,美国产业组织联合会在政策上重视黑人工人和白人工人的团结,促进了工人运动的发展。霍尼十分强调共产党人在产业组织联合会中所发挥的作用,并指出产联在"二战"之后采取驱逐共产党人的政策,在一定程度上导致了工人运动的衰弱。[2] 伊丽莎白·伍尔夫(Elizabeth Fones Wolf)认为

---

[1] Philip Taft, "The Problem of Structure in American Labor", *The American Economic Review*, Vol. 27, No. 1, March 1937, pp. 4–16.

[2] Michael Honey, "The Popular Front in the American South: The View from Memphis", *International Labor and Working-Class History*, No. 30, Fall, 1986, pp. 44–58.

工会政策在促进工人团结的同时也削弱了工人的阶级认同,使他们倾向与民主党结成政治联盟。在《大萧条时期费城的产业工会主义和工人运动文化》中,伍尔夫针对费城的工会运动进行案例研究,指出当时的工会为了组织更多非熟练工人入会,开展了不少休闲和娱乐活动。这些活动塑造了工会文化,丰富了工人的精神生活,却同时推广了中产阶级生活方式,对建立工人与民主党的联盟起了重要的作用。[1] 上述的这类作品都是通过某些具体的罢工事件来分析工会政策对工人运动所起的作用,虽详细深入,却无法代表整个时期美国工人运动的特点及成败原因。

除了通过分析具体案例来说明工会政策对工人运动的影响,还有不少专著着眼于整个30年代的工人运动,强调劳联、产联及共产党等组织的共同作用。在这类作品中,历史学家欧文·伯恩斯坦的《贫困的年代》和《混乱的年代》堪称经典,不过他更侧重于对这段时期历史的还原而非评论。伯恩斯坦详细描述了1920—1941年工人运动的情况。从内容上看,《贫困的年代》研究的是20世纪20年代到大萧条时期的工人运动。伯恩斯坦在这部作品中侧重研究无组织工人的境况,特别是无组织蓝领工人日益恶化的经济情况,指出该时期美国工会运动日益衰弱的现象,但也突出了共产党人、社会主义者和托洛茨基主义者等激进分子对无组织工人的领导作用。《混乱的年代》关注的是1933—1941年的美国工人运动,侧重于"新政时期美国工会主义的大幅度发展、美国工业领域的集体谈判及与集体谈判相关的公共政策的发展"[2]。伯恩斯坦在这本书中关注的是有组织的工人运动,包括美国产业组织联合会和美国汽车工人联合会等,详细描述了相关工会的兴起、工会领袖的社会背景、工会的内部矛盾等。伯恩斯坦指出,1934年是工人运动蓬勃发展的年代,它的原因在于工人在萧条时期所受到的苦难以及新政相关劳工政策的实施。而在美国加入"二战"之后,工人运动的激进性有所减弱,这是由军工产业发展带来的经济繁荣、罗斯福对劳工的支持、工会与政府合作的承诺以及共产党政策的改变等多种因素造成的。与伯恩斯坦持相似观点的还有肖恩·德尼

---

[1] Elizabeth Fones Wolf, "Industrial Unionism and Labor Movement Culture in Depression-Era Philadelphia", *The Pennsylvania Magazine of History and Biography*, Vol. 109, No. 1, January, 1985, pp. 3 – 26.

[2] Irving Bernstein, *The Turbulent Years: A History of the American Worker* 1933 – 1941, Illinois: Haymarket Books, 2010, p. IX.

斯·卡什曼（Sean Dennis Cashman）。他在《20 年代与 30 年代的美国》中论述了工会、政府政策和共产党对工人运动的综合作用。① 这些作品更加侧重于历史的回顾及还原，它们虽然能够为学者进一步研究 30 年代美国工人运动提供翔实的材料，却没能清楚解释影响工人运动各要素之间的关系。

约翰·纽辛格在《反抗：20 世纪 30 年代的美国工人阶级》中强调了这一时期工会力量的壮大和工人运动的蓬勃发展，重点论述工人在 1934 年和 1937 年所表现出的激进性。纽辛格认为："30 年代的危机不但没有完全摧毁当时已经衰弱的工人运动，反而具有革命性的效果。"② 他强调了共产党对 30 年代工人运动的重要领导作用，但也意识到这种作用的双重性——以共产党人为代表的激进分子引导基层工人进行抗争，促使工会官僚领导层内部的分裂，既给工人运动带来了力量却又使之面临威胁。虽然他对共产党在工人运动中所扮演的角色的把握是正确的，却没能解释清楚曾经那么激进的工人运动为何在 30 年代末逐渐减弱。

还有些作品专门研究 30 年代某些特定行业的工人运动情况，指出劳联与产联之间的矛盾，或全国性工会的领导政策不符合地方工会的需求，制约了工人运动的成功发展。例如，布鲁斯·尼尔森（Bruce Nelson）专门研究了这一时期水手与码头工人的运动情况，指出太平洋沿岸的工人运动表现出强烈的斗争性，而且这种斗争精神并非偶然发生的，它持续了近十年，并改善了工人的工资水平及工作条件。尼尔森认为，当时海岸工人是希望能够发起一个统一、具有阶级意识的工人运动，但这个愿望未能实现，其中十分重要的原因在于不同技艺水平及不同行业的工人之间的敌视以及劳联和产联之间的矛盾。海岸工人内部本身就存在分化，而劳联与产联的矛盾使这种分化更加顽固持久。③

虽然北方产业工人的罢工斗争是许多学者的研究中心，也有不少学者

---

① Sean Dennis Cashman, *America in the Twenties and Thirties: the Olympian age of Franklin Delano Roosevelt*, New York: New York University Press, 1989, pp. 219–257.

② John Newsinger, *Fighting Back: The American Working Class in the 1930s*, London: Bookmarks Publications Ltd., 2012, p. 243.

③ Bruce Nelson, *Workers on the Waterfront: Seamen, Longshoremen and Unionism in the 1930s*, Urbana: University of Illinois Press, 1990.

关注到南方工人和农业工人的罢工运动。其中,《南方的斗争》《南方工人的声音》以及《全国协调机制的挑战:南方纺织工人与1934年纺织工人大罢工》详细描述了30年代南方纺织工人参与斗争的原因,指出他们在运动中,特别是1934年纺织工人大罢工中所体现出来的革命精神,并分析了这一时期南方工人罢工斗争失败的原因和影响。这几份研究都把罢工失败的原因归结于劳联下属的纺织工人联合会策略的失败。虽然《电台、音乐与纺织工人罢工》侧重于强调电台和音乐在南方纺织工人罢工斗争中所起的动员作用,它也指出当时罢工失败的原因在于纺织工人联合会没能运用正确的罢工策略,寄希望于同管理层的谈判。在资本方强烈的镇压与残酷的打击下,工人的罢工决心被动摇了。[1] 而珍妮特·艾恩斯(Janet Irons)则强调南方纺织工人在运动中体现出的自发性和革命性,并认为1934年纺织工人大罢工失败的重要原因在于劳联工会对工人没有足够的信心以及工会政策与南方纺织工人的真实需求不相符——工会的目标在于给全国纺织业制定统一的工资和工时标准,而南方纺织工人罢工的直接原因是反对资本方迫使他们超负荷工作。[2] 马克·奈森(Mark D. Naison)重点研究30年代南方佃农自发组织的一个跨种族农业工会。该工会在成立之初取得了一定的发展,但他们加入劳联的决定却使工会内部出现了宗派主义斗争,黑人工人脱离该组织并另起炉灶,导致该工会最终慢慢衰弱。[3] 彼得·拉奇勒夫(Peter Rachleff)通过分析大萧条时期明尼苏达州农民工人党的失败,指出党内的领导与结构问题、劳联和产联之间的矛盾对地区工会团结性的影响,以及党内的共产党人与托洛茨基主义者之间的分歧都导致了明尼苏达州工人独立政治行动的失败。[4]

此外,斯托顿·林德(Staughton Lynd)主编的《"我们都是领袖":

---

[1] Vincent J. Roscigno and William F. Danaher, *The Voice of Southern Labor*: *Radio, Music and Textile Strikes*, 1929–1934, Minneapolis & London: University of Minnesota Press, 2004.

[2] Janet Irons, "The Challenge of National Coordination: Southern Textile Workers and the General Textile Strike of 1934", in Staughton Lynd ed., "*We Are All Leaders*": *The Alternative Unionism of the Early 1930s*, Urbana & Chicago: University of Illinois Press, 1996, pp. 72–101.

[3] Mark D. Naison, "The Southern Tenant Farmers' Union and the CIO", in Staughton Lynd ed., "*We Are All Leaders*": *The Alternative Unionism of the Early 1930s*, Urbana & Chicago: University of Illinois Press, 1996, pp. 102–116.

[4] Peter Rachleff, "The Failure of Minnesota Farmer-Laborism", in Kevin Boyle ed., *Organized Labor and American Politics 1894–1994*, Albany: State University of New York Press, 1998, pp. 103–115.

20世纪30年代初的另类工会主义》一书收集了十篇对独立工会的研究，所涉及的行业包括了农业、纺织业、采矿业等不同产业，强调30年代工人群众的革命性以及独立工会对工人运动成功所发挥的关键性作用，指出劳联与产联领导政策对这些工会的负面影响。[1]

鉴于该时期美国共产党对工人运动的重要影响，不少学者也通过探究共产党从鼎盛走向衰弱的原因来解释为什么这一时期的工人运动依旧没能发展成独立政治运动。这部分的研究主要集中在对共产党的研究之中。

以西奥多·德莱柏（Theodore Drapper）、哈维·克莱尔（Harvey Klehr）和约翰·厄尔·海恩斯（John Earl Haynes）等历史学家为代表的学者认为美国共产党失败的根源在于党的政策与方针无法反映美国本土工人的利益需求。他们认为，由于美国共产党从成立到壮大都与苏联有复杂的联系——其成立与运作得到共产国际的资金援助，在组织和结构上都效仿苏联共产党的组织结构，甚至在许多情况下美国共产党最高领袖的任命也是由共产国际决定的，它在很大程度上不过是苏联的工具。[2] 克莱尔在《美国共产主义的鼎盛时期》中指出，美国共产党接受共产国际的"第三时期"理论，在大萧条初期奉行"第三时期"路线[3]，把罗斯福、劳联当作是法西斯主义的代表，导致其在社会上处于孤立地

---

[1] Staughton Lynd ed., "*We Are All Leaders*": *The Alternative Unionism of the Early 1930s*, Urbana & Chicago: University of Illinois Press, 1996.

[2] Theodore Drapper, *American Communism and Soviet Russia*, New York: Vintage Books, 1986; Theodore Drapper, *The Roots of American Communism*, New Brunswick: Transaction Publishers, 2003; Harvey Klehr, *The Heyday of American Communism: The Depression Decade*, New York: Basic Books Inc. Publishers, 1984; Harvey Klehr, et al., *The Soviet World of American Communism*, New Haven & London: Yale University Press, 1998; James G. Ryan, *Earl Browder: The Failure of American Communism*, Tuscaloosa: University of Alabama Press, 1997.

[3] "第三时期"（Third Period）路线是当时美国共产党根据共产国际第六次代表大会上正式提出的"第三时期"理论而制定的党的路线方针。共产国际第六次代表大会通过的《共产国际纲领》指出当时资本主义已经进入了矛盾加剧、总危机增长的时期，而社会主义运动也到了革命高潮发展的时期。基于此理论，许多资本主义国家的共产党都走上了"左倾"的路线。具体到美国共产党的方针，他们改变了曾经坚持的"从现有工会内部发展党员"（bore from within）的政策，把工会教育同盟（Trade Union Education League）改名为工会团结同盟（Trade Union Unity League），在已有劳联工会的行业领域内也发展起工会团结同盟工会，奉行双重工会主义（dual unionism），并对劳联、社会党和民主党都比较敌视。

位，对工人运动的影响力不大。只有在改变方针，支持人民阵线和罗斯福之后，它的支持率有所提高，才开始在美国产业组织联合会中占据重要领导地位。但在《苏德互不侵犯条约》签订之后，美国共产党未能马上对这个问题做出正确回应，因而失去了不少党员。虽然美国共产党在后期又回归了人民阵线，但其影响力已经受损。通过对这一阶段美国共产党历史的研究，克莱尔指出："美国共产党在路线上的选择并非根据美国社会或共产党内部的改变做出回应，相反，它所反映的是外部力量的影响。如果苏联的政策需要一个革命或者宗派主义的共产国际政策，美国共产党就会走向'左倾'。当这种需求改变时，他们又倾向更加改良主义或机会主义的路线。"[1] 美国共产党与苏联之间的从属关系导致了它的失败，使之无法引领美国工人推翻资本主义。

本杰明·吉特罗（Benjamin Gitlow）则认为宗派主义对美国共产党的发展造成巨大危害，导致党内腐败的滋生。他认为美国共产党党内宗派主义的根源在于莫斯科，同时也指出，共产主义与美国社会是不相容的，因为"向共产主义让步就是允许废除自由，建立起一种使人民沦为独裁政权奴隶的国家剥削工人的体系。共产主义是对劳动者的征用制度，是一种强迫的劳动力。自由的劳动力是不可能在共产主义之下出现的，正如它不可能在法西斯主义中出现一样。……经济安全与自由是并行不悖的。只有通过民主的程序，自由和经济安全才可能实现"[2]。虽然吉特罗对共产主义的理解并不完全正确，但他的观点指出了党内民主的缺乏不利于共产党的发展。

修正主义派历史学家并不同意上述观点，他们认为美国的激进主义是在城市化和工业化的背景下发展起来的，激进主义者通常是为了反对剥削、反对工会腐败和社会的不公正而参加马克思列宁主义运动。历史学家爱德华·约翰宁斯麦尔（Edward P. Johanningsmeier）认为："虽然美国共产主义与苏维埃的意识形态有着复杂的联系，它的动力、动机与成就大部

---

[1] Harvey Klehr, *The Heyday of American Communism: The Depression Decade*, p. 415.
[2] Benjamin Gitlow, *I Confess: The truth about American Communism*, New York: E. P. Dutton & Co. Inc Publishers, 1940, p. 597.

分都源自美国自身的情况。"① 这些学者肯定了美国共产党相关政策对工人运动的促进作用,认为虽然共产党的总体政策受到苏联和共产国际的影响,但在基层和地方层面,其政策多数还是针对具体事件的而不是遵从遥远的共产国际的指导。华特·霍华德(Walter T. Howard)指出,在1929年费城的丝绸织造厂罢工事件中,共产党员发挥了重要的领导和辅助作用。虽然当时美国共产党执行的是共产国际的"第三时期"路线,采取双重工会政策,导致劳联的反对,但基层党员中有不少人反对共产党高层的决策,而党的领导层在某些时候也容忍违反总体方针的行为。因此,在具体的事件中,共产党还是促进了工人运动的发展。② 约翰·肖佛(John L. Shover)认为在1933年的中西部农场危机中,共产党人意识到团结农民的重要性,并安排了重要的组织人员加入到农民之中,领导农民,激发了农民的革命性。但共产党最终还是失败了。肖佛认为,失败的原因在于共产党忽视了资本主义体制的改革潜力。共产主义需要通过维持人们对经济状况的不满来激发对现有制度的不满,从而推动革命。但是,新政中有利于农业改革的政策出台之后,农民的生活水平得到提高,共产主义对农民的吸引力也就越来越低了。③

综上可见,虽然同样关注组织对工人运动的影响,但由于研究的案例不同、背景不同,学者得出的结论并不一致,有时候甚至相互矛盾。劳联的保守被认为是阻碍这一时期工人运动发展的重要原因,但对产联和共产党对工人运动到底是发挥了积极作用还是产生了消极影响,以及共产党领导失败的原因,学者们仍未达成共识。这也是后继学者可以进一步探究的

---

① Edward P. Johanningsmeier, *Forging American Communism: The Life of William Z. Foster*, Princeton: Princeton University Press, 1994, p. xii. 持此观点的论著还包括 Alan Wald, "Search for a Method: Recent Histories of American Communism", *Radical History Review*, Vol. 61, 1995, pp. 166 – 174; Michael E. Brown, et al., eds., *New Studies in the Politics and Culture of U. S. Communism*, New York: Monthly Review Press, 1992; Maurice Isserman, *Which Side Were You On? The American Communist Party during the Second World War*, Urbana: University of Illinois Press, 1993; Robin D. G. Kelley & Hammer and Hoe, *Alabama Communists during the Great Depression*, Chapel Hill: University of North Carolina Press, 1990; Mark Solomon, *The Cry was Unity: Communists and African Americans*, 1917 – 1936, Jackson: University of Mississippi Press, 1998 等。

② Walter T. Howard, "'Radicals Not Wanted': Communists and the 1929 Wikes-Barre Silk Mill Strike", *Pennsylvania History*, Vol. 69, No. 3, Summer, 2002, pp. 342 – 366.

③ John L. Shover, "The Communist Party and the Midwest Farm Crisis of 1933", *The Journal of American History*, Vol. 51, No. 2, September 1964, pp. 248 – 266.

地方。

2. 强调工人内部分化与阶级意识对工人运动的影响

另外有一部分学者把关注点从工会转移到工人阶级本身。在这部分的研究中，许多学者强调移民工人、黑人工人和女性工人对工人运动的影响，它们大都说明美国工人阶级内部存在包括工艺、种族、民族、宗教与性别上的分层，这些因素对于美国工人运动的统一发展产生了一定的影响。①

菲利普·方纳（Philip Foner）在《有组织的工人与黑人工人（1619—1973）》中，论述了200多年间黑人在工人运动中的地位与作用，指出在美国工人运动史上，大部分工会都采取了种族歧视的政策，不利于黑人工人参与工会活动。在第16章中，方纳特别论述了美国产联与黑人工人在1935—1939年之间的关系，指出产联对黑人工人问题十分重视，积极倡导跨种族的工会政策。但由于汽车工人联合会中的黑人牧师、商人及专业人士更支持资本家福特，认为产联是激进的、共产主义的，因而美国产联吸纳汽车工人联合会的计划并没有实现，也就未能完全联合黑人工人。虽然方纳并未直接表明导致美国工人运动走向低潮的原因在于黑人工人没能被团结到工人运动之中，但他还是提出了希望黑人工人能够在工人运动中发挥更重要作用的期望。②

詹妮弗·戴尔顿（Jennifer Delton）在对明尼苏达地区1930—1950年工人运动的研究过程中，强调黑人工人对工会活动的重要推动作用。由于白人与黑人之间长期的种族隔阂，历史上黑人经常被资本家利用并雇来破坏罢工运动。新政之后，各项政策为黑人提供了更多的就业机会。美国产联意识到种族问题对工会运动的阻碍作用，开始组织各种活动来缓和黑人工人与白人工人之间的矛盾。明尼苏达地区的黑人领袖与美国产联合作，组成新的力量，教育黑人与白人工人之间的融合，使更多的黑人工人加入

---

① Milton Cantor, *American Working Class Culture: Explorations in American Labor and Social History*, Westport: Greenwood Press, 1979; Robert Asher & Charles Stephenson eds., *Labor Divided: Race and Ethnicity in United States Labor Struggles*, 1835 - 1960, Albany: State University of New York Press, 1990; Ronald Charles Kent, *Culture, Gender, Race and US Labor History*, New York: Greenwood Press, 1993; Gwendolyn Mink, *Old Labor and New Immigrants in American Political Development: Union, Party and State*, 1875 - 1920, Ithaca: Cornell University Press, 1986; etc.

② Philip Foner, *Organized Labor and the Black Worker* 1619 - 1973, New York: International Publishers, 1978.

工会，推动工会运动的发展，同时还使"黑人成功地成为政治舞台上的一支独立力量，使他们转变为公民的一部分"[①]。艾瑞克·阿尼森（Eric Arnesen）则在《有色兄弟会：黑人铁路工人与争取平等的斗争》一书的第四章中讨论了大萧条时期铁路工人中黑人独立工会的发展，指出虽然在20世纪30年代许多黑人工人加入了倡导种族平等的跨种族工会中，但是铁路工人中的一些技术熟练工人却因1934年《铁路工人法》的修订与白人工人的关系更加恶劣；又因无法加入跨种族的工会，因而成立了独立工会，成为一支充满敌意与掠夺性的力量，不利于统一工人运动的发展。[②] 还有学者指出部分黑人工人对工会活动的冷漠态度，他们拖欠会费、背叛工会、缺乏经验和耐心，不太能够融入工会活动，这是20世纪30年代末工人运动无法发展成全国范围的大规模工人运动的一个重要原因。[③]

罗伯特·阿什（Robert Asher）和查尔斯·斯蒂芬森（Charles Stephenson）主编的《分化的工人》是关于种族、民族问题和美国工人阶级斗争历史的一部论文集，收录了15篇关于种族与民族问题对美国工人运动产生影响的文章。这是第一本重点研究亚洲、西班牙、南欧、北欧等不同地区的移民和黑人工人对美国工人运动影响的论著，其中也有不少针对20世纪三四十年代美国工人运动的研究。例如，加里·格斯尔（Gary Gerstle）认为法裔加拿大移民阻碍了1938—1956年罗德岛独立纺织工会运动的发展。通过研究天主教法团主义和法裔加拿大移民对北罗德岛地区独立纺织工会（The Independent Textile Union）的影响，格斯尔发现，在1939年之前，独立纺织工会是一个比较激进的工会组织，曾经开展过41次大罢工，参与罢工的工人人数达到2万余人，是当时罗德岛工人运动的一个重要力量。然而，当地的法裔加拿大移民从教会那里接受了社团主义，这种社团主义使他们用宗教代替了革命的思想，将他们从激进主义者的阵营中拉到了教会的阵营，因此从1939年起，独立纺织工会内部开始出现矛盾，最终在1945年将激进分子驱逐出工会，从此走向了法团主义

[①] Jennifer Delton, "Labor, Politics, and American Identity in Minneapolis, 1930–1950", *Minnesota History*, Vol. 57, No. 8, Winter, 2001/2002, p. 432.

[②] Eric Arnesen, *Brotherhoods of Color: Black Railroad Workers and the Struggle for Equality*, Cambridge: Harvard University Press, 2001, pp. 116–150.

[③] Bernard Sternsher, "Great Depression Labor Historiography in the 1970s: Middle-Range Questions, Ethno-cultures, and Levels of Generalization", *Reviews in American History*, Vol. 11, No. 2, January, 1983, pp. 300–319.

道路。这些法裔加拿大工人组成了天主教工人联盟,反对共产主义,认为共产主义会带来社会的退化。格斯尔的研究不仅说明了移民对于美国工人运动的影响,也指出宗教信仰对工人思想的重要影响。①

史蒂夫·贝森(Steve Bason)则指出,英国和爱尔兰移民对20世纪30年代底特律汽车工人联合会的建立和组织起了重要的推动作用。贝森特别关注英国和爱尔兰移民中的激进分子在汽车工人联合会中的作用,认为过去的学者在强调移民对激进的工人运动的影响时,多数指的是波兰、乌克兰和意大利等国家的移民,忽视了英国和爱尔兰移民的作用。在20世纪30年代末的底特律,许多来自英国和爱尔兰的移民工人都是熟练工人。随着机器大生产的发展,熟练工人面临着被半熟练工人和机器所替代的威胁,革命性增强。而这些来自英国和爱尔兰的移民都曾经参与英国的工会政治,因此他们在很大程度上参与了底特律地区汽车工人联合会的组织工作。②

鉴于不同时期不同地区的移民对美国工人运动的发展产生过不同甚至相反的作用,阿什和斯蒂芬森在导论《探究美国资本主义,工人组织和种族或民族因素》中指出,虽然该书所收录的论文强调的是工人阶级的内部分化问题,但"因世界资本主义的发展而得到释放的经济力量以及那些拥有与自己的人数不相称的经济和政治权力的经济精英的存在,要比美国工人内部因为技术、种族或民族而产生的分化对美国工人命运的影响更为深远"③。他们认为,不能把工人阶级当作一个简单的整体,也不能把工人阶级的内部分化对工人运动的影响看作是单向、静态、不变的,因为"阶级的形成并非静止不变:在资本主义这个不断演变、最为变化多样的经济体系中,工人阶级(和其他阶级)是高度多样化的,并一直不

---

① Gary Gerstle, "Catholic Corporatism, French-Canadian Workers, and Industrial Unionism in Rhode Island, 1938 – 1956", in Robert Asher & Charles Stephenson eds., *Labor Divided: Race and Ethnicity in United States Labor Struggles*, 1835 – 1960, Albany: State University of New York Press, 1990, pp. 209 – 225.

② Steve Bason, "British and Irish Militants in the Detroit UAW in the 1930s", in Robert Asher & Charles Stephenson eds., *Labor Divided: Race and Ethnicity in United States Labor Struggles*, 1835 – 1960, Albany: State University of New York Press, 1990, pp. 227 – 245.

③ Robert Asher & Charles Stephenson, "American Capitalism, Labor Organization, and the Racial/Ethnic Factor: An Exploration", in Robert Asher & Charles Stephenson eds., *Labor Divided: Race and Ethnicity in United States Labor Struggles*, 1835 – 1960, Albany: State University of New York Press, 1990, p. 5.

断地成型和重组"①。他们强调,在研究时必须历史地看待某个种族或民族的移民工人,了解他们的过去与现在,具体分析其在工人运动中的作用。20世纪30年代美国工人运动蓬勃发展的原因在于早期移民及其后代与民主党结成了联盟,迫使资本家不得不承认工会(虽然不是激进的工会),并接受福利社会模式,为社会上的一部分无产阶级提供更多的安全保障。资本家利用大萧条时期的失业问题强化了对工人阶级的剥削,这使更多移民感到愤怒,也因此受到鼓舞,参与工人运动。这些工人移民的后代、黑人以及美国本土的社会主义者、共产主义者和激进的工会主义者一起为在大规模生产的产业中建立产业工会发挥了重要的作用。② 但是,需要指出的是,在论述种族因素对美国工人运动的影响时,阿什和斯蒂芬森更多地把根源归结于美国不同时期的资本主义经济发展特征。

还有不少学者专门研究女性与美国工人运动或社会主义运动之间的关系。凯特·韦加德(Kate Weigand)专门研究美国共产主义与妇女解放之间的关系。她认为共产主义者对美国妇女运动的发展做出过重大的贡献,对20世纪末美国政治的塑造起了重要的作用。但是,在第二次世界大战(以下简称"二战")之前,美国共产党对妇女运动态度很大程度上受到了人民阵线政策的影响,只是把女性工人当作是工人阶级的一部分,关注的是妇女内部的种族和阶级差异,而不是妇女本身的权益,因此,只能说这时候的共产主义运动在一定程度上奠定了未来妇女解放运动的基础。③拉肖恩·哈里斯(Lashawn Harris)关注的是大萧条时期黑人女工与共产党之间的关系。他指出,大萧条时期有许多黑人女工加入共产党,她们拥有不同程度的政治经验和教育水平,在20世纪30年代中活跃于共产主义运动之中。她们组织并参与了许多游行示威活动,要求雇佣方为工人提供福利、解决失业问题,并以公共演讲、写作和演出等方式重塑尊严政治(Politics of Respectivity)。这群黑人女工的信仰和行动"直接挑战了与尊

---

① Robert Asher & Charles Stephenson, "American Capitalism, Labor Organization, and the Racial/Ethnic Factor: An Exploration", p. 7.
② Robert Asher & Charles Stephenson, "American Capitalism, Labor Organization, and the Racial/Ethnic Factor: An Exploration", p. 26.
③ Kate Weigand, *Red Feminism: American Communism and the Making of Women's Liberation*, Baltimore & London: The Johns Hopkins University Press, 2001.

严政治相联系的种族主义意识形态与政策"①。传统的尊严政治强调通过个人行为和态度的改革来促使整个美国种族关系结构的改革。② 但随着黑人女工加入共产党,她们改变以往通过改变个人行为和思想来赢取尊严的方式,通过加入工会或参与工人运动,甚至采取激进的暴力手段来保障自己的权利,使传统的尊严政治发生了变化。③

除此之外,塞利格·普尔曼(Selig Perlman)坚持威斯康辛学派④的一贯立场,认为美国工人运动之所以缺乏所谓的"革命性",原因在于美国工人阶级不存在所谓的阶级意识。具体到20世纪30年代的工人运动,他认为必须把它放到美国整个工人运动史的背景中去解读,指出美国工人深受龚帕斯"自愿主义"和"纯粹简单的行业工会主义"影响,一切工人运动的核心利益都是工作上的利益。这种"职业意识"替代了"阶级意识",使美国工人运动难以呈现出持久的斗争性。这点在20世纪30年代的工人运动中也是如此。普尔曼认为,美国工人的斗争形式可能会发生改变——或许有时候会变得格外激进,但在本质上他们仍然是坚持资本主义制度的。⑤

3. 强调制度因素对工人运动的影响

如果说大部分工运史学家更关注工会和工人阶级内部的分化问题,并以此为切入点研究20世纪30年代的美国工人运动,经济学家、政治学家或社会学家则更强调制度因素(包括美国市场经济特点、产业关系的改变、新政政策和美国政治制度等)对工人运动的影响。

狄克逊·韦克特认为,美国资本主义产业集中化的程度越来越高,使

---

① Lashawn Harris, "Running with the Reds: African American Women and the Communist Party during the Great Depression", *The Journal of African American History*, Vol. 94, No. 1, Winter, 2009, p. 22.

② Lashawn Harris, "Running with the Reds: African American Women and the Communist Party during the Great Depression", p. 32.

③ Lashawn Harris, "Running with the Reds: African American Women and the Communist Party during the Great Depression", p. 33.

④ 威斯康辛学派以约翰·罗杰斯·康芒斯(John Rogers Commons)、塞利格·普尔曼(Selig Perlman)为代表,对后世的研究者产生了重大的影响,他们强调工会在工人运动中的作用,认为美国的工人运动革命性不强。其中,普尔曼提出美国工人仅有"职业意识"而不存在"阶级意识"。

⑤ Selig Perlman, "Labor and the New Deal in Historical Perspective", in Milton Derber and Edwin Young eds., *Labor and the New Deal*, Madison: The University of Wisconsin Press, 1957, pp. 361 – 372.

每个城市都成了地区网络的中心，工人的比例日益增加，劳工的组织性也越来越强。随着经济危机的爆发，工人长期积攒的怨恨和政府对劳工的支持促使20世纪30年代中期劳工运动蓬勃发展。① 而不少学者认为，产业关系的改变使工人可以通过合法手段与雇佣方进行谈判，这是20世纪三四十年代工人运动高涨却又不会走向推翻资本主义制度道路的重要原因。迈克尔·布洛维（Michael Burawoy）指出，集体谈判是在谈判的框架下解决劳资之间的矛盾，是阶级斗争的一种。在这一斗争中，工人是一个与资本相对立的阶级存在。但这同时是一种边缘化的阶级斗争形式，对劳资关系的本质不会产生什么影响。② 卡茨和科尔文等学者认为，集体谈判的参与者包括雇佣方、劳动者和政府，其中政府是外部环境，负责制定谈判规则。大萧条和新政时期，劳资关系发生了改变，政府出台《工业复兴法》肯定了工人组成工会进行集体谈判的权利，使劳方和资方之间的集体谈判制度化。同时，随着垄断资本主义的发展，雇佣方开始采取工厂管理的方式，引入泰勒制的科学管理方法，这就要求他们在管理过程中要兼顾工人和公司的利益。因此，在20世纪40年代之后，雇佣方也逐渐改变过去用暴力镇压工人的强硬态度，愿意与工会进行谈判。③

也有学者把新政作为20世纪30年代美国工人运动的重要影响因素。在西德尼·苏富林（Sidney C. Sufrin）看来，新政的相关政策促进了农业工会的发展。新政之前，农业领域也有不少的以经济利益为目标的组织，但这些组织多是农场主的组织，而不是工会组织。新政的《农业调整法》和《工业复兴法》并没有给农业工人带来多大的益处，但使他们意识到自己与城市工人的生活及工作条件存在的巨大差距，客观上推动农业工人决定像城市工人那样组建自己的工会。同时，由于当时的农场工人中有不少来自城市，他们对成立工会的程序比较熟悉，这也为农场工会的成立提供了可行的条件。④ 弗雷德里克·刘易斯·艾伦在《大转型时代》中通过分析大萧条时期罗斯福新政对美国人的生活标准、思考方式和身份认同的

---

① [美] 狄克逊·韦克特：《大萧条》，何严译，邮电大学出版社2009年版。
② Michael Burawoy, *Manufacturing Consent*, Chicago: University of Chicago Press, 1979, p. 115.
③ [美] 哈里·C. 卡茨等：《集体谈判与产业关系概论》，李丽林、吴清军译，东北财经大学出版社2010年版，第16—42页。
④ Sidney C. Sufrin, "Labor Organization in Agricultural America, 1930 – 1935", *American Journal of Sociology*, Vol. 43, No. 4, January, 1938, pp. 544 – 559.

改变,指出美国人是实用主义的,美国社会是一个中产阶级社会或无产阶级社会。① 虽然这本书的重点不在于研究美国工人运动,但艾伦指出,罗斯福新政与20世纪20年代的进步主义改革一样,都是对美国资本主义国家这一机器进行修修补补,这些改革使美国人普遍产生这样的一种认同,认为"对付无产阶级的办法,既不是镇压和虐待他们,也不是帮助他们推翻他们的主人,而是让他们有机会获得教育、机遇、汽车和吸尘器,在中产阶级生活方式上给他们大量的指导,并给他们大量的刺激,使他们渴望得到越来越多的好东西;到最后无产阶级就不再是无产阶级了,而是一个挺直腰板、自尊自强的公民团体,能够指望他们帮助国家保持良好的运行秩序"②。这也从一个侧面回答了这一时期美国工人为什么只与民主党联合,而没有走上彻底变革社会制度的道路。

除此之外,美国的政治制度也被认为是美国工人运动难以超越工会主义范畴,实现社会主义目标的重要原因。李普塞特(Seymour Martin Lipset)和马克斯(Gary Marks)认为,"美国政治系统中的多数选举制、胜者通吃的总统选举制以及两大政党在意识形态上的灵活"③ 是解释工人政党在美国难以成立的关键。具体到大萧条时期,工人之所以没有在共产党或工会的领导下推翻资本主义,反而与民主党结盟,原因在于美国的政党制度不利于第三党的发展壮大,美国共产党的政策问题以及劳联和产联之间的矛盾使他们失去了工人阶级的支持,同时罗斯福新政中亲劳工的政策赢得了工人阶级的支持。由此可见,李普塞特和马克斯把这一时期美国工人运动力量有限的原因归结于美国宪政制度对第三党的限制、社会主义政党与工会之间的分裂以及政府的政策等多方因素的综合。

还有学者认为,资本家的联合与资本主义国家对工人运动的态度是限制美国工人运动"激进"程度的重要原因。例如,梅尔文·杜波夫斯基(Melvyn Dubofsky)认为20世纪30年代时美国社会的工业矛盾不过是间歇性地爆发,即使是1934—1937年的大规模罢工潮也只吸引了极小的一部分工人。他指出,阻碍这一阶段工人阶级走向激进主义的因素包括工会

---

① [美]弗雷德里克·刘易斯·艾伦:《大转型时代》,秦传安译,新世界出版社2009年版,第129页。
② [美]弗雷德里克·刘易斯·艾伦:《大转型时代》,第118页。
③ Seymour Martin Lipset & Gary Marks, *It Didn't Happen Here: Why Socialism Failed in the United States*, New York: W. W. Norton & Company, 2000, p.264.

的机会主义、企业的联合以及新政的自由主义。① 安德鲁·雅米（Andrew Yarmie）则认为美国资本家对工人阶级的镇压力度导致了美国工人运动力量的式微，并指出资本家的管理态度与管理策略是由国家、司法和社会的态度所决定的，而不是由某个资本家个体决定的。②

以上所列举的只是专门针对20世纪30年代美国工人运动的研究文献，它们的关注点集中在工会和社会主义政党等组织、工人阶级本身及美国的经济、政治及社会制度等方面。当然，美国学者还对大萧条之前和"二战"之后美国的工人运动展开过大量的研究，其分析的角度与切入点与上文所述并无太大出入，在此便不做赘述。③

（二）国内研究现状

与国外学者对美国工人运动的研究和国内学者对欧洲主要国家的工人运动的研究相比，中国学者对美国工人运动的研究相对较少，遑论关于20世纪30年代工人运动的研究了。目前为止，国内关于美国工人运动史的专著除了翻译出版了菲利普·方纳的两卷《美国工人运动史》，仅有陆镜生的《美国社会主义运动史》、张友伦的《美国社会变革与工人阶级》《当代美国社会运动和美国工人阶级》以及他与陆镜生合著的《美国工人运动史》。虽然数量不多，但这些作品为国内学者研究美国工人运动提供了重要的史料。近年来，国内学术界还出现了几十篇针对美国工人运动和社会主义运动的论文，此外，对美国历史、美国政治制度、政治思想的研究中也有一些涉及美国工人运动的问题。④

陆镜生与张友伦先生的《美国工人运动史》详细描述了从殖民时期

---

① Melvyn Dubofsky, "Not So Radical Years: Another Look at the 1930s", pp. 304 – 314.

② Andrew Yarmie, "Employers and Exceptionalism: A Cross-Border Comparison of Washington State and British Columbia, 1890 – 1935", *Pacific Historical Review*, Vol. 72, No. 4, 2003, pp. 561 – 615.

③ 相关的论著包括 Sanford M. Jacoby, "American Exceptionalism Revisited: The Importance of Management", in Sanford M. Jacoby, ed., *Masters to Managers: Historical and Comparative Perspectives on American Employers*, New York: Columbia University Press, 1991; Robin Archer, *Why is There No Labor Party in The United States?*, Princeton: Princeton University Press, 2007; D. H. Leon, "Whatever Happened to an American Socialist Party? A Critical Survey of the Spectrum of Interpretations", *American Quarterly*, Vol. 23, No. 2, 1971, pp. 236 – 258; Kim Voss, *The Making of American Exceptionalism: The Knights of Labor and Class Formation in the Nineteenth Century*, Ithaca: Cornell University Press, 1994 等。

④ 这些作品包括黄绍湘的《美国通史简编》、刘绪贻等翻译的《1900年以来的美国史》、刘绪贻与杨生茂主编的《美国通史》、何顺果所著的《美国历史十五讲》、资中筠所著的《20世纪的美国》、钱满素所著的《美国自由主义的历史变迁》以及周琪主编的《意识形态与美国外交》等。其中，前四部作品主要涉及劳工运动的史实部分，未能对美国工人运动中独立政治行动的失败问题进行深入探析。

到新政时期的美国工人运动历史，并对战后工人运动做了概述。对于美国社会主义运动和工人运动所遇到的困难，他们倾向于通过历史研究来分析造成某个阶段运动失败的原因，而不是建立一个能够普遍适用的理论框架来分析美国工人运动的成败。不过，在研究过程中，作者还是发现了关于美国工人运动的一些规律。他们指出："从历史上看，当工人的罢工斗争遭到镇压时，工会往往又会从独立政治行动中寻找出路，建立第三党，希冀通过竞选运动实现其政治和经济要求。"[1] 具体到30年代的美国工人运动，陆镜生和张友伦具体分析了每个阶段工人运动的特点及其原因。他们指出，1929—1932年经济危机时期，工人阶级面临严重的失业问题，加上胡佛政府的劳工政策、劳联自愿主义的原则，美国共产党的双重工会政策等，导致这一时期的工会运动衰弱，但失业者进行了激烈的反饥饿斗争。罗斯福新政时期，随着资本和产业工人的进一步集中，加上罗斯福政府支持劳工的相关政策的出台和产业工会联合会的建立，工人展开了强大的产业工会运动，但这一时期的工人运动被纳入资本主义国家法律体系的范围，工人的"战斗性"减弱了。[2] 虽然该书的主要目的在于描述美国工人运动的历史，对工人运动兴衰的原因解析着墨较少，但从行文中不难发现，两位作者认为美国资本主义在不同时期的经济特点、工人阶级的结构、工会与社会主义政党的方针政策以及政府的相关立法等因素都对美国工人运动的发展产生影响。

也有学者从集体谈判机制的角度出发，以劳方、资方和政府三者之间的力量对比为切入点研究大萧条和新政时期美国的工人运动，并特别强调政府的作用。刘绪贻教授在《20世纪30年代以来美国史论丛》中对罗斯福新政的相关政策与实践进行了比较深入的研究，其中也涉及他对这一时期美国工人运动的看法。在《战后美国社会阶级斗争新探——马克思主义的阶级斗争原理需要发展》中，他指出第一次世界大战（以下简称"一战"）之后美国工人运动走向低潮的原因包括：政府在大萧条之后限制垄断资本，采取缓和阶级矛盾的政策；科技革命的到来使无产阶级的结构发生变化，白领工人占了多数；新政时期的劳工立法促使资产阶级越来

---

[1] 陆镜生、张友伦：《美国工人运动史》，天津人民出版社1993年版，第588页。
[2] 陆镜生、张友伦：《美国工人运动史》，第615—693页。

越多地采取集体谈判的方式来缓和阶级矛盾。① 在这些因素的分析中，刘绪贻强调的是国家对阶级矛盾的调节作用，认为"在自由资本主义甚至垄断资本主义社会里，资本主义越发展，阶级斗争愈尖锐，向社会主义过渡的进程愈迅速，到国家垄断资本主义（法西斯式的除外）阶段，由于国家作为总资本家可以在一定程度上缓解资本主义基本矛盾的作用，随着它的发展，将在一个相当长的时间里，在一定程度上缓和阶级斗争，从而延缓向社会主义过渡的过程"②。资本主义社会的基本矛盾并没有消失，但是由于资本主义社会进入了国家垄断资本主义的阶段，阶级斗争在国家的调节之下有所缓和，因此也应该"随着资本主义的发展而发展马克思主义阶级斗争的原理，不然就要犯教条主义的错误"③。

中国社会科学院美国研究所研究员陈宝森在研究美国的经济与政府政策关系时，也专门用了一个章节来分析美国的劳工运动。他关注政府、工人阶级以及资产阶级三者之间的关系变化，强调政府对工人运动的影响，认为正确理解美国政府的本质是"理解美国政府劳工政策和美国国会劳工立法历史变迁的关键所在"④。他指出，美国联邦政府、地方政府和立法司法部门对劳资冲突的态度从来都不是袖手旁观的，但是它们的基本原则是"维护资本主义制度的永世长存和私有财产的不可侵犯"⑤，因此只会在这个前提之下受到资产阶级和工人阶级力量对比的影响，时而支持资方，时而表现得不偏不倚。在劳工运动初期，政府总是与资方一起反对劳工运动；而当资本主义制度出现问题、劳工组织日益强大之后，为了维护资本主义制度的长期利益，政府才不得不对劳工的要求做出让步。但是，不管怎样，政府总是本能地"要遏制劳工运动的发展，使它不致形成对资本主义制度的威胁"⑥。此外，他也认识到，美国工人阶级内部存在很大的分化，工人在组织程度、经济状况和就业情形等方面都很不平衡。这在一定程度上导致美国工人阶级的潜在力量没有得到充分发挥，使它"作为一个阶级来说，还远没有达到和上层资产阶级分庭抗礼的程度"⑦。

---

① 刘绪贻：《20世纪30年代以来美国史论丛》，中国社会科学出版社2001年版，第5—10页。
② 刘绪贻：《20世纪30年代以来美国史论丛》，第12页。
③ 刘绪贻：《20世纪30年代以来美国史论丛》，第5页。刘绪贻在他的另一篇论文《罗斯福"新政"、劳工运动与劳方、资方、国家间的关系》中也深入地阐述了这一观点。
④ 陈宝森：《美国经济与政府政策——从罗斯福到里根》，社会科学文献出版社2007年版，第578页。
⑤ 陈宝森：《美国经济与政府政策——从罗斯福到里根》，第577页。
⑥ 陈宝森：《美国经济与政府政策——从罗斯福到里根》，第578页。
⑦ 陈宝森：《美国经济与政府政策——从罗斯福到里根》，第502页。

新政出台的相关劳工法也是中国学者的研究重点。刘达永对罗斯福新政时期的美国工人进行动态分析，指出虽然在这期间有过许多声势浩大的罢工斗争，但参与人数只是工人当中的少数。他重点研究为什么大部分的工人没有参与罢工，并把原因归结于资产阶级统治手段的改变上。他指出，罗斯福通过一系列政策和手段改善了工人的物质生活条件，实行以工代赈的政策，通过《瓦格纳法》，把自己打扮成一个有利于劳动者的角色，给工人一个处于"福利国家"的假象，从而使许多被统治阶级处于静态。[①] 中国劳动关系学院副教授杨思斌认为，大萧条时期美国建立了集体谈判制度，这一制度在一定程度上矫正了劳资关系失衡的局面，对美国工会运动的发展起了巨大的促进作用，也进一步提高了工人的工资。[②]

除此之外，还有学者探讨大萧条与人民阵线时期美国工人与美国共产党之间的关系。刘疆指出，虽然30年代的经济萧条和欧洲的法西斯主义为美国共产党的活动提供了有利的条件，但共产党仍然没有建立起牢固的工人基础。工人与共产党疏离的原因在于，大多数工人并不真正了解共产主义思想，把共产党当作"外国人的组织和苏联的代理人"[③]，即使在人民阵线时期，共产党也不受工人欢迎，在很多情况下不得不隐藏自己的身份。

除了专门针对20世纪30年代的美国工人运动进行研究，中国学者还对其他时间段的美国工人运动、美国社会主义运动和共产主义运动进行研究，探究美国工人运动或社会主义运动最终衰弱的原因。[④] 例如，陆镜生

---

① 刘达永：《罗斯福新政时期美国工人动态分析》，《四川师范大学学报》1988年第1期。
② 杨思斌：《大萧条时期美国集体谈判制度的建构及对中国的启示》，《南阳师范学院学报》2010年第4期。
③ 刘疆：《大萧条与人民阵线时期的美国工人与美国共产党》，《内蒙古师范大学学报》（哲学社会科学版）2003年第1期。
④ 还有不少学者对"美国例外论"的相关理论进行研究。这方面的研究虽不与美国工人运动直接相关，但有助于启发我们从新的角度探讨美国工人运动。对这方面进行研究的学者包括秦晖、许宝友、赖海榕、邓超、郝淑爱、高建明和蒋锐等。除了高建明和蒋锐之外，其他学者都探讨了桑巴特的理论，秦晖、许宝友和邓超还对李普塞特的理论进行了评析，邓超则对西方其他学者的各个观点进行了相当全面的梳理。高建明和蒋锐在《美国没有社会主义吗？——析约翰·波考克的共和主义解释》中研究了波考克的思想，批评了他的观点，即认为共和主义与辩证历史观之间的冲突是导致社会主义在美国不断失败的原因。各学者的具体观点可参见高建明、蒋锐《美国没有社会主义吗？——析约翰·波考克的共和主义解释》，《当代世界与社会主义》2014年第4期；秦晖《公平竞争与社会主义——"桑巴特问题"与"美国例外论"引发的讨论》，《战略与管理》1997年第6期；赖海榕《资本主义起源与社会主义研究的界碑——关于桑巴特及其〈为什么美国没有社会主义？〉的评述》，《马克思主义与现实》2001年第4期；许宝友《从桑巴特到李普塞特的美国社会主义例外论》，《科学社会主义》2005年第1期；邓超《桑巴特问题的探究历程》，《史学理论研究》2013年第2期等。

先生所著的《美国社会主义运动史》详细介绍了1920年之前的美国社会主义运动,指出美国社会主义的未能成功与美国社会主义注定会失败是两个不同的概念,社会主义运动的成功与否取决于主客观条件的成熟。① 美国政治学研究专家李道揆认为造成美国没能出现强大的工人阶级政党的原因在于美国的劳动力处于求大于供的状态、工人阶级的分层与结构变化、统治阶级"软硬皆施"的政策和社会主义政党内部的宗派主义等。② 丁淑杰博士通过考察美国共产党的理论与实践,探究美国共产主义运动曲折发展的原因。他认为这些原因可以分为内部原因和外部原因,其中外部原因主要从美国社会的经济、政治机制、文化、宗教以及工人阶级结构的复杂性来考虑,内部原因则是考察共产党政策与指导思想上的问题。③ 中国社会科学院世界历史研究所副研究员邓超在探究19世纪80年代到20世纪20年代美国社会主义运动衰微的原因时,加入了世界体系层面的研究,认为"一战"在其中起了很大的作用。④ 此外,在《进步主义改革对美国社会主义运动的影响》中,他进一步指出,19世纪末20世纪初美国人民并未走向革命而走向改革的原因在于当时的社会发展状况和阶级斗争的新变化促使改良成为社会共识,而进步主义改革在某种程度上替代了社会主义的作用,充当了类似于马克思所说的"革命遗嘱执行人"的角色,这才使得社会主义在美国没能发展起来。⑤

总体而言,中国学者对美国工人运动的研究不论在数量还是质量上都有待进一步发展。在探究大萧条和新政时期美国工人运动的失败与成功时,大部分学者都过分关注政府职能的变化和新政期间各项劳工法案的作用,没能提出其他的解释。

(三)现有研究的主要观点与局限

前人丰富的研究成果为本书提供了翔实的资料和重要的分析角度。总结起来,在研究20世纪30年代的美国工人运动时,大多数学者都承认它

---

① 陆镜生:《美国社会主义运动史》,天津人民出版社1986年版,第424页。
② 李道揆:《美国政府与美国政治》,商务印书馆1999年版。
③ 丁淑杰:《美国社会主义运动曲折发展的原因分析》,《华中师范大学学报》(人文社会科学版)2003年第1期。
④ 邓超:《美国转型年代的社会冲突与社会控制——美国社会主义运动衰微原因研究》,博士学位论文,北京大学,2011年6月。
⑤ 邓超:《进步主义改革对美国社会主义运动的影响》,《当代世界与社会主义》2012年第1期。

所体现出的激进性,只有少数学者对其"激进"程度有所质疑。但学者们都注意到,即使在斗志最为高昂的时候,美国工人也没能成功地发起以推翻资本主义为目的的政治运动。换言之,在20世纪30年代美国工会力量迅速壮大的同时,工人没能与社会主义政党在政治上建立紧密的联系,也没能建立起独立的工人政党——这就是本书中所提及美国工人运动中"工会主义高涨与社会主义式微"的问题。上述的论著中也有不少涉及这一问题,其观点大致可分为以下三种。

第一种观点强调工人组织的作用,把工会运动的成功归结于工会领导的策略正确,符合工人的利益需求,而把社会主义运动式微归结于社会主义政党内部的宗派之争、政策不符合美国国情、指导思想的外来性等。这种解释一般是根据具体史实所得出的结论,在一定程度上能够说明问题。在20世纪30年代,产联工会的出现确实极大地促进了美国工人运动的发展。而共产党和社会党人同工会的合作也推动了工人运动在当时的迅速发展。但这一观点忽视了工人阶级本身的作用,只把工人运动的成败归结于少数工人领袖的政策上。过分强调工会或政党的力量对美国工人运动的推动或阻碍作用,实际上忽视了美国社会中许多没有被组织起来的工人,忽视了那些不受劳联和产联领导的独立工会。而这些没有被组织起来的工人和独立工会运动对整个阶段的美国工人运动也产生了一定影响。况且,不同的工人组织在不同阶段对工人运动的影响并不一致,甚至前后矛盾。例如,在大萧条时期,共产党采取的政策分化了工人力量,不利于工人加入工会进行罢工斗争;而在1935年之后,共产党与产联合作,又进一步促进了工会运动的发展。所以,如果笼统地把工会运动的成功与失败归结于工人组织的策略问题,只会流于表面。这就要求研究者深入探究工人组织采取相关策略的时代背景与具体原因,以求从根本上解释这一现象。

第二种观点认为,美国不存在工人政党及社会主义政党在美国力量弱小的原因在于美国工人缺乏阶级意识或阶级意识薄弱。因此,学者们探讨阶级意识的来源,并指出美国社会的流动性、工人阶级内部的异质性以及美国经济的高度繁荣是造成工人缺乏阶级意识或阶级意识薄弱的根本原因。虽然这些因素都能在一定程度上解释社会主义力量在美国难以成为大势的原因,但其推理过程是存在问题的。这些学者认为美国不存在工人党的原因在于美国工人缺乏阶级意识,而他们判断美国工人缺乏阶级意识的依据又是美国不存在激进的工人运动,未能建立起独立的工人政党——这种自我证实的论断恐怕难以令人信服。

这一观点背后的逻辑源自于马克思主义中关于阶级意识的论述，却是对阶级意识的一种误解。马克思在《哲学的贫困》中提到"自在阶级"和"自为阶级"的划分，认为工人的经济地位决定了他们在客观上形成了一个"自然存在"的阶级，而当他们在斗争中团结起来维护自己的阶级利益时，就成了一个"自为阶级"。在《路易·波拿巴的雾月十八日》中，他又曾提到，"小农人数众多……数百万家庭的经济生活条件使他们的生活方式、利益和教育程度与其他阶级的生活方式、利益和教育程度各不相同并互相敌对，所以他们就形成一个阶级。由于各个小农彼此间只存在地域的联系，由于他们利益的同一性并不使他们彼此间形成任何的共同关系，形成任何的全国性的联系，形成任何一种政治组织，所以他们就没有形成一个阶级。因此，他们不能以自己的名义来保护自己的阶级利益……"[1] 即是说，只有当小农之间的利益同一性使他们产生了共同的关系，全国性的联系或形成了一种政治组织时，他们才成为真正意义上的阶级——即自为阶级。而只有在"无产阶级作为无产阶级——这种意识到自己在精神上和肉体上贫困的贫困、这种意识到自己的非人性从而把自己消灭的非人性——的产生"[2] 之后，私有制才能够自我消亡。因此，在马克思看来，阶级意识是一种认知自己所处的贫困和非人性状态并认为自己必须消灭这种状态的意识。它能够使工人阶级从自在阶级成为推翻私有制的自为阶级。这是一种由工人在生产中所处的经济地位决定的，需要在斗争过程中逐渐形成的意识。阶级意识的形成与工人阶级的斗争运动实际上是一个统一的过程，而不存在先后顺序和因果关系。"工人阶级在经济斗争和政治斗争中逐渐形成阶级意识"并不意味着工人阶级政治斗争的失败就是由于阶级意识的缺失或阶级意识低下。正是因为对这点产生误解，一些学者在看到美国工人的政治运动失败时就得出美国工人缺乏阶级意识或阶级意识低下的结论，甚至延伸出美国社会不存在"阶级"的看法或美国例外于其他资本主义社会的看法。

受阶级地位决定的阶级意识将使工人克服个体之间的矛盾与竞争，团结起来成为一个共同体，进行经济和政治斗争。这就是说，工人通过加入

---

[1] 《马克思恩格斯全集》第8卷，人民出版社1961年版，第217页。
[2] 《马克思恩格斯全集》第2卷，人民出版社1957年版，第44页。

工会、罢工的方式来维护自己的经济权益也是"阶级意识"的表现之一。因此，仅靠"阶级意识"无法令人信服地解释美国工人虽曾多次团结在一起反抗资本家，却终究没能建立起独立的工人政党来获取国家政权，推翻资本主义制度的现象。而且，关于美国社会流动性和工人阶级内部的异质性等因素对美国工人运动的影响并非固定不变的。例如，在许多情况下，移民工人阻碍了工人的团结，制约了美国工人运动的发展；但在某些情况下，一些激进的移民工人反而带动美国本土工人进行抗争，推动了工人运动的发展。因此，我们不仅不能简单地把"阶级意识"的缺失与薄弱看作是制约美国工人进行政治运动的因素，也不能够不加区分地把美国的社会流动性和工人阶级的异质性当作是制约工人运动发展的因素。

第三种观点强调美国的政治制度对工人运动的限制作用。美国的宪政制度限制了工人政党的建立与发展。美国的宪政制度，特别是两党制的长期存在严重不利于代表工人阶级的第三党的形成。民主党和共和党轮流执政是美国的政治传统，这与其独特的选举制度密切相关。美国是一个实行总统制的国家，因此，总统竞选是各大政党关注的焦点。总统选举需要经过两个阶段，即各大政党产生总统候选人和从候选人中选举总统的阶段。不论是在哪一个阶段，美国选举的相关规定都更加有利于两大传统的资产阶级政党，因此有学者认为这两大政党"垄断总统选举，控制联邦政府"。[1] 在美国，总统候选人的产生方法取决于各州的法律规定。其中，许多州规定，被提名的候选人只有在"上一届选举中获得的票数达到一定比例和有相当数量的选民签名"，[2] 才可以列入候选人名单。由于第三党的候选人很少能够进入每个州的总统候选人名单，这一规定显然是有利于长期控制国家政治生活的两大政党。而美国各级的政府选举和总统大选中，决定投票结果的是相对多数原则，即胜者通吃（winner-take-all）原则。美国的总统选举采取的是选举人团制度，只有获得超过半数以上的选举人票，候选人才能够当选总统。每个州的选举人票是由其参、众议员人数决定的，因此在根本上是受到各州人口所决定的。在各州获得大众选票多数的候选人将得到该州所有的选举人票。这就迫使一些本想给第三党投票的选民可能会因害怕自己的选票无效而转投给两个传统的大党。一些

---

[1] 陈其人等：《美国两党制剖析》，商务印书馆1984年版，第38页。
[2] 陈其人等：《美国两党制剖析》，第39页。

持不同政见的候选人则倾向于通过加入已有政党,而不是建立新的政党,来实现自己的政治抱负。该论断的解释力较强,在很大程度上说明了社会党和共产党难以在政治选举中获胜,工人难以建立起独立政党的原因。

具体到20世纪30年代的工人运动,罗斯福新政也被认为是限制美国工人运动从工会主义运动向社会主义运动发展的重要原因。新政之后,政府开始干预市场经济,通过制定一系列有利于劳工的法律法规来调节劳资矛盾,建立起集体谈判机制。这使工会运动得到迅速发展。随着工人的谈判被纳入资本主义法律体系之中,工人运动的革命性减弱了。工人满足于通过合法谈判所取得的胜利果实,不愿意彻底改变社会制度,也就不需要再通过建立工人政党来取得政治上的领导地位。这一观点强调了资产阶级国家在劳资冲突中的协调作用,却忽视了工人阶级的主动性。它同时忽视了,集体谈判机制的建立不仅仅是资产阶级政府开明的政策所致,也是工人运动的成果。

总结来看,现有的研究从不同角度分析了美国工人运动所呈现出的特点,并指出影响工人运动的各个重要因素。但不论是哪种观点,都未能够完全解释美国工人运动在20世纪30年代时呈现出"工会主义高涨和社会主义式微"的特点。不少研究仅仅关注于工会运动的发展或社会主义政党的发展情况,而没有去深入探究这二者之间的联系。对于美国缺乏工人党的问题,学者们所给出的解释都有一定的说服力,只是不够全面。可如果"像拌沙拉一样简单地把所有的观点都综合在一起"①,又并不可取。笔者以为,目前学界中对20世纪30年代美国工人运动的史实性研究已经较为充分,但对这一段历史特点的分析与评价仍有可发挥的空间。学者们从不同的角度对这一时期美国工人运动的发展和特点进行了分析。受制于分析对象的碎片化,其结论并不完全一致。许多情况下,学者更倾向于关注其中的某一个群体,例如黑人工人、妇女工人、欧洲移民等,研究这些群体对美国工人运动的影响,这也决定了他们将过分关注工人阶级内部分层因素的影响,影响了研究结论。另一些学者则倾向于对特定的罢工运动进行案例研究,探究影响运动成败的因素,但这难免会因案例的特殊性导致结论不具普遍性,同时也忽视了这一时期工人运动的全貌。不过,正是

---

① Eric Foner, "Why is There No Socialism in the United States?", *History Workshop*, No. 17, Spring, 1984, p. 73.

这样的局限才为后继学者的进一步研究留下了可发挥的空间。

(四) 本书的创新

鉴于现有研究所存在的局限性和问题，本书将尽可能全面整合20世纪30年代美国工人运动的情况，并说明在不同的历史时期，在业工人和失业工人、北方工人和南方工人、熟练工人和非熟练工人的运动和组织情况。研究将以历史唯物主义为方法论，从探究美国工人在经济领域与政治领域内斗争的特点及关系的角度来分析20世纪30年代的美国工人运动。这是在过去学者的论述中没有出现过的，也是本书的创新之处。除了对当时美国工人运动的情况进行更加全面的梳理之外，笔者还将分析当时美国工会主义高涨与社会主义式微的原因，探索二者之间的内在逻辑。

在研究思路上，笔者借鉴了过去学者的论证角度与观点，承认美国工人阶级本身的问题、工人组织的策略以及美国的政治制度对工人运动的影响，但并不过分突出某个因素的作用。本书从历史唯物主义出发，认识到各个因素之间的联系。在具体的分析过程中，重点考察在美国特定的制度条件下，美国工人、工会与工人阶级政党之间的互动关系。前人针对美国工人运动发展特点所提出的三种主流观点分别是从组织（工会或政党的政策）、个体（工人阶级本身）和制度（美国的政党制度和新政政策）这三个方面来分析。由于他们都不同程度地偏重于其中的一个方面，导致其所得到的解释虽有一定的说服力，却不够全面。虽然也有学者综合了所有的因素，却只是简单地加以组合，缺乏逻辑性和理论深度。因此，本书旨在通过理清个体、组织和制度的互动关系来说明当时美国工人运动的发展特点及其原因，并尝试进行理论的构建。

四 研究方法

本书坚持历史分析法，立足于具体的史实和数据进行分析。在研究过程中，笔者查阅了美国工人在30年代的运动历史——包括各个行业的罢工斗争史和劳联、产联、美国社会党和共产党等工人组织的发展历史，对相关历史数据进行统计，旨在用数据和史实更加全面地展示出当时美国工人运动的情况。

本书认为，20世纪30年代美国工人运动的发生与发展是美国工人阶级、工人组织和社会制度三个因素之间的互动结果，并试图探求这三者之间的内在关系。在方法论上，本书坚持唯物史观，认识到每一个社会现象都是历史发展的结果。唯物史观要求我们在看待影响事物发展的各个因素时，不应只看到其表面上的、现时环境下的联系，还要追溯其历史渊源。因此，笔者承认过去学者在研究中所总结出的各要素对美国工人运动的影响作用，但反对把这些因素当作是固定不变的存在，反对不加区别地把不同时段美国工人运动的发展情况都归结于所有因素的共同作用。不论是美国的工人、工人组织还是社会制度，都在历史的发展过程中发生了不同的变化。因此，研究20世纪30年代的工人运动必须从当时的历史出发，并认识到那一时期的美国工人、工人组织和社会制度都已经刻上了美国历史的烙印。从根本上来说，推动历史发展的并非是各种因素表面上的综合作用，而是社会人为了自己的生存，在特定历史环境下所做出的抉择。因此，美国工人运动在20世纪30年代所呈现出来的特点是工人运动在美国特殊的政治制度和历史背景下发展的必然结果。从根本上来说，这是社会中的人在特定历史条件下为了自己的生存而做出的选择所产生的综合后果。

五　全书结构安排

本书主要由引言、正文和结语三个部分组成。

第一部分为引言部分。该部分介绍了论文的选题背景与意义，同时回顾了国内外学术界对20世纪30年代美国工人运动的研究现状及其局限性，从而指出本书的可能创新点。同时，本章论述了研究所用的方法和相关的结构安排。

正文的第一章回顾20世纪30年代之前的美国工人运动史，并说明了大萧条时期美国工人运动的复苏情况。本章指出，在20世纪30年代之前，美国工人已经有过悠久的斗争历史，并呈现出独特的特点。大萧条时期美国工人运动的复苏是根植于美国社会中，被浮华的经济表象、保守的政治环境和强大的资本力量所掩盖和压制的阶级矛盾在1929年经济危机的催化作用下得到集中爆发的表现。美国工人运动的复苏是缓慢的，表现在失业工人的抗议示威和部分在业工人的罢工斗争。在社会矛盾被激化的情况下，美国工人运动之所以只是缓慢复苏，原因在于在业工人与失业工人这两大运动力量之间的分离。这种分离的根源又在于当时美国的制度环境、部分美国工人思想的中产阶级化和20世纪20年代工人组织力量的衰落。

　　正文的第二章论述了20世纪30年代中后期工会主义在美国的高涨。如果说大萧条时期美国工人运动只是处于复苏阶段，那么在1933年之后，美国社会见证了工会主义的高涨。在新政所带来的制度环境变化的前提之下，美国的工人运动经历了1933—1934年的转折期，在1935年之后走向巅峰。工会主义的高涨表现为工会规模与力量的迅速壮大和罢工运动的持续发展。在这个过程中，美国工会不仅在数量和规模上扩大，还出现了新的工会组织形式。罢工运动的持续发展不仅表现在罢工次数的增加和成功率的提高，还表现在新的罢工方式的出现。鉴于各行业领域内的工人组织情况和工人所面对的资本力量的不同，美国工人在不同时期的罢工情况也不尽相同。在本章的小结部分，笔者还强调了制度环境、工人组织和工人运动之间的辩证关系。

　　正文的第三章指出，20世纪30年代也是美国社会主义日渐式微的时期。这体现在美国社会党的衰落，共产党在力量增强的同时日趋改良化，以及1934—1938年间工人党运动的失败。本章分别论证了社会党在20世纪30年代日渐衰落，共产党走向改良主义和工人党运动失败的原因。研究指出，社会党的失败与自身的发展历程、它与劳联工会的关系、与共产党和民主党之间的竞争关系相关。共产党的改良化则是共产主义在美国这个发达的资本主义国家中发展的结果。工人党运动的失败从表面上看是受到工会领袖的阻挠，但从根本上来说是源自于美国工人运动史上形成的根深蒂固的"简单工会主义"和工会主义者对激进主义政治的怀疑与敌视。它是工会领袖在《国家工业复兴法》被判违宪，《国家劳动关系法》尚未完全确立的情况下，为了保障工人在长期斗争中所争取到合法权利而做出的必然选择，同时也是存在内部分化的工人阶级在当时的历史条件下所做出的必然选择。

　　最后是本书的结语部分。笔者认为，20世纪30年代的美国工人运动是激进而相对成功的。但是，比起对该时期的工人运动进行定性，更重要的是正确认识它在美国历史上的地位和对未来所产生的影响。美国工人运动中"工会主义高涨"与"社会主义式微"之间并不矛盾，而是有着内在的逻辑联系。这二者之间是平行发展的，同时又有着一定的联系。从唯物史观的观点来看，这一现象在本质上来说，是带有美国历史印记的工人阶级和资产阶级在特定的环境制约下进行选择的综合结果。研究最后指出，不论是从美国与西欧资本主义国家中工人运动历史的对比来看，还是从美国历史发展是否符合马克思主义理论的角度来看，"美国例外论"都是不成立的。美国工人运动的发展情况具有它的特殊性，这是历史唯物主义规律在美国这片土地上的具体体现。

第一章

工人运动的缓慢复苏

20世纪30年代是美国工人运动史上的重要转折点。此前的近十年期间，美国社会是相对平静的。不仅工人罢工的频率较低，工会和左派政党的力量也都遭到了压制。资本的力量极为强大，大部分工人都在"开放工厂"[①]中进行生产活动。1929年的经济危机之后，局势发生了改变。成千上百万的工人纷纷加入新成立的工会，并在全国范围内掀起了工人运动的高潮。这个历史阶段见证了声势浩荡的退伍军人反饥饿斗争，也见证了1933—1934年的汽车工人、海运工人、纺织工人等此起彼伏的大罢工浪潮，以及1936—1938年各行业工人捍卫集体谈判权的静坐示威运动等。

当然，这些运动并非如火山爆发般毫无预兆地发生。它们的发生有其特定的历史和社会背景。为了更好地了解这一时期的美国工人运动，我们需要对此前的美国工人运动史和当时的美国社会情况有一定了解。

第一节　20世纪30年代前美国工人运动的历史演变

资本主义的生产发展总是不可避免地伴随着劳资矛盾的激化和工人运动的发生。虽然关于北美罢工运动的最早记录是在1636年，[②]但许多历史学家都把1827年费城工人的大罢工看作美国有组织的工人运动的真正

---

① 开放工厂（open-shop）是与封闭工厂（closed shop）相对而言的。所谓开放工厂指的是，工厂雇用工人不需以其加入工会或在经济上支持工会为前提条件。
② 梁大伟：《论19世纪末20世纪初美国社会主义运动的历史性转折——以1877年铁路工人大罢工为中心的考察》，《社会主义研究》2016年第4期。

开端，认为那才是"美国工薪阶层第一次不分行业地作为一个阶级联合起来反对雇主"①。如此看来，在20世纪30年代之前，美国工人已经有过一百余年的斗争历史了。

与西欧的资本主义国家相比，早期的美国工人运动算不上"激进"。当英国工人为了争取政治权利发起宪章运动，法国和德国工人投身于资产阶级革命之时，在不存在封建主义历史的美国，已经拥有普选权的美国工人②主要进行的是争取缩短工时的合法斗争。第一次工业革命之后，美国社会上并不存在如西欧资本主义国家那样明显的阶级分化和激烈的社会矛盾。这是因为，美国资本主义的原始积累并不是靠对自耕农的剥夺和海外殖民地的掠夺来实现，而是伴随着农业的高速发展进行的。由于存在广袤的西部边疆，受到工业革命影响的手工业作坊主、小生产者和农场主可以迁徙到西部进行农业生产，而不需要沦落为工厂中出卖劳动力的工人——这在很大程度上化解了可能发生的社会矛盾。同时，美国资本主义发展中所需要的劳动力也并非通过剥夺农民土地迫使其沦为工人而得到的。"奔流不息的外国移民浪潮为美国的资本主义发展提供了现有社会人口之外的劳动力供给"③，保证了美国资本主义的正常发展。工厂制度并没有在美国迅速地确立起来，"迟至1850年，家庭与手工工场仍然是商品生产的最重要场所"④。这就决定了当时美国社会的阶级情况：既存在工业资本家，也存在大量的农场主、小生产者和手工作坊主等美国传统意义上的中产阶级，以及以熟练工人为主体的工人阶级。由于社会的高度流动性，美国社会难以形成一个固定的工人阶级。因此，早期的工人组织多是由同一工种的工匠和熟练工人自发组成的局域性工会组织。

南北战争的结束和第二次工业革命的发生极大地推动了工业资本主义在美国的发展，也加速了美国社会的阶级分化。1860—1894年，美国的

---

① 张友伦：《试论美国早期工人运动的特点——关于美国和西欧工人运动的比较研究》，《河北师院学报》（社会科学版）1996年第1期。
② 这里主要是指美国的白人男性。在1920年之后，妇女才享有选举权；直到民权运动之后，非洲裔美国人才真正意义上享有选举权。
③ 张小青：《论美国进步主义运动的思想背景》，《中国社会科学院研究生院学报》1987年第5期。
④ 卞历南：《论美国劳联的蜕变及其历史根源》，《东北师大学报》（哲学社会科学版）1985年第6期。

工业品生产从世界第四跃居世界第一，占世界总产值的 1/3。① 资本的极度集中使垄断逐渐取代了自由竞争，成为美国资本主义经济的特点，也使工业资产阶级的力量日渐强大和集中。工厂制度的推广和机器的大规模使用，使工人从手工艺工人沦为大机器的附属品。劳资双方的矛盾日益锐化，大规模的工人运动应运而生。在1873 年美国经济危机的影响之下，铁路工人于 1877 年爆发了一次全国性大罢工，推动了全国性工会组织的建立和工人运动浪潮的到来。"据不完全统计，1881 年美国工人罢工 471 次，参加人数 10 万人，而 1886 年工人罢工的次数猛增到 1500 次，参加人数则达到 40 万人。"② 这其中包括 1886 年芝加哥工人为争取八小时工作制而进行的大罢工，1892 年卡内基荷姆斯台德工厂（Homestead）钢铁工人反对降薪的罢工斗争及普尔曼汽车公司（Pullman Palace Car Company）工人的罢工斗争等。在这个过程中，美国劳工联合会（American Federation of Labor，下文简称"劳联"）迅速发展起来，并在 20 世纪初成为当时美国最大的工人组织。③ 劳联正式成立于 1886 年，是由全国性和国际性行业工会自愿组成的全国性工会联合会。劳联在组织上比较松散，旨在"保证所有工人组织的团结以帮助工人进行抵制资本家的活动，扩大工人对罢工和停工运动自愿的经济援助"④。建立初期，劳联曾是一个"有战斗性和阶级觉悟"的工人组织，主张团结一切工人，坚定地带领工人进行争取八小时工作制的罢工斗争。但是，作为一个维护熟练工人利益的工会组织，劳联的首要目标在于维护工人在资本主义生产中的经济地位。随着工业进程中非熟练工人数量的日渐增加，劳联逐渐转变为歧视黑

---

① 方纳：《美国工人运动史》第 2 卷，唯成译，生活·读书·新知三联书店 1963 年版，第 2 页。

② 梁大伟：《论 19 世纪末 20 世纪初美国社会主义运动的历史性转折——以 1877 年铁路工人大罢工为中心的考察》，第 145 页。

③ 在此之前，劳动骑士团（Knights of Labor）是当时力量较强大的全国性工会组织。劳动骑士团主张不分性别、技艺水平、种族和民族地吸纳一切工人。在力量壮大的过程中，其成分愈加复杂，甚至吸收了农民、小企业主和自由职业者等。成分的复杂化使劳动骑士团的内部矛盾愈加严重，其政策也不符合占工人阶级主体地位的熟练工人的利益。在诸多因素的影响之下，劳动骑士团最终没落，而美国劳联则成为熟练工人的组织迅速发展起来。详细可参考王锦塘《美国劳动骑士团衰落的原因浅析》，《武汉大学学报》（社会科学版）1986 年第 2 期；师松《美国劳动骑士团的命名和盛衰的根源》，《中国工运学院学报》1992 年第 6 期。

④ Levis L. Lorwin, *The American Federation of Labor: History, Policies and Prospects*, Washington D. C.: The Brookings Institution, 1933, p. 22.

人、移民和女工（这些工人多为非熟练工人）的工会组织，坚持行业工会主义和改良主义。

19世纪末以农场主为主体发起的平民主义运动和工人的罢工浪潮在很大程度上推动了进步主义改革的到来，而这场改革又对美国工人运动的发展产生了重大的影响。这一运动的根源在于美国从农业社会向工业社会转型的过程中显现出的一系列问题，包括政治腐败、贫富悬殊、垄断寡头之间的竞争等。从19世纪末到20世纪初，美国宗教界人士和中产阶级知识分子发起了进步主义改革，力求消除因工业化和城市化所带来的一系列社会问题。为缓和社会矛盾，美国政府通过了《谢尔曼反托拉斯法》（Sherman Antitrust Act），授权联邦政府干预经济，反对垄断。此外，进步主义人士推动了有关童工、女工、工资与工时等方面的立法，在一定程度上改善了工人的工作条件。在生产领域，福特制和泰勒制的施行使工人的工资水平大幅度提高，管理方式也日渐人性化，在很大程度上缓和了劳资矛盾。在进步主义时期种种改革措施的影响之下，工会力量得到迅速发展，美国工人的工作条件与工资水平也得到很大程度的提高。

与此同时，美国的政党制度也发生了变化。当时，改革成为时代的主流。不论是民主党还是共和党内部，都出现了改革派。其中，共和党内部的改革派与民主党组成了超党派联盟。进步主义时期，党魁政治遭到重创，总统预选制得以创立并实施。这就使两党的政策开始发生改变。劳工力量的壮大使得工人成为两大政党在选举中竞相争取的对象，尤其是改变了民主党传统的选民构成。自此之后，民主党逐渐将自己的"目标票仓"从传统的南方转向在北方城市中的底层工人。虽然在19世纪末，美国社会上已经出现了社会主义政党，但受制于美国两党制和绝对多数的选举制度，美国工人在政治选举中更倾向于选择能够包容自己利益诉求的政党，而不是选择力量较为弱小的左派政党。

因此，在"一战"之前，美国的劳工力量——特别是劳联工会的力量——是十分强大的。在政治上，工人没有表现出明显的政党认同，而是在选举中选择能够实现自己利益诉求的政党。但在第一次世界大战之后，随着经济的复苏和大量军人回归劳动力市场，劳联的力量逐渐衰落。资本方认为，工人运动的传统目标侵犯了私人财产权，也限制了工人以个人名义订立协议的传统权利。他们提出"开放工厂"的建议，鼓励工人以个人名义同工厂签订协议。一些大型企业和公司更引入了泰勒制的管理方式，聘用专业人员来管理工人，减少了工人与资本家之间的冲突。更有资本家推出了福利资本主义计划，为工人提供医疗保险、养老金并改善工作环境，同时建立公司工会来协调产业关系。除了采取更为人性化的管理方式和提供较好的福利措施之外，各大企业还不遗余力地抵制工会的罢工斗争，直接导致了1919年煤矿业工人和钢铁工人罢工的失败。1919年工人罢工的失败直接导致工会力量衰退到20世纪前十年的水平。此外，俄国的十月革命使美国政府对左派力量心生畏惧，进行了不遗余力的打击。因此，在20世纪20年代初，美国社会的左派力量也是十分弱小的。这一切都导致了美国工人运动在20世纪20年代之后陷入了低潮。

此外，美国社会在20年代的经济繁荣、政府对工商业的扶持和对劳工力量的限制又进一步遏制了工人运动的发展。战争结束之后，美国工人的生活水平得到了进一步提高。"以1914年为基线，劳工的工资在1921年增长了8%，在1922年增长了13%，在1923年增长了19%……在1928年增长了32%。工作周从1920年的47.4小时下降到了1929年的44.2小时……失业率在1923—1929年一直保持在低于3.7%的水平。"[①] 福特制的广泛推行使工人的工资水平和消费能力得到提高，许多曾被认为只有富人才能够拥有的消费品也开始进入了普通工人的生活。在20世纪20年代初，只有20%的美国家庭拥有抽水马桶，1%的家庭拥有集中供暖设备，极少数家庭拥有冰箱和收音机。而到了1930年，这些家用电器已经比较普及了：51%的家庭拥有抽水马桶，42%的家庭拥有集中供暖设备，40%的家庭拥有收音机，60%的家庭拥有汽车。[②] 这一切使工人满足于现有的物质生活，倾向于关注切实的、眼前的利益，享受战争结束后的和平、安逸与悠闲，而不愿意再次卷入是非斗争之中。

同时，在共和党候选人哈定接替威尔逊成为总统，开启了长达12年的"共和党摄政时期"（Republican interregnum）[③] 之后，美国政府在政策上给予商业发展足够的自由，使资本家的力量得到了进一步发展壮大。在

---

① 周余祥：《试析卡尔文·柯立芝的劳资理念及其实践》，《中南大学学报》（社会科学版）2011年第2期。

② [美]加里·M.沃尔顿、休·罗考夫：《美国经济史》，王珏等译，中国人民大学出版社2011年版，第493页。

③ Jeffrey W. Meiser, *Power and Restraint: The Rise of the United States, 1898 – 1941*, Georgetown: Georgetown University Press, 2015, p.194.

自由放任主义经济思想的指导下，美国政府所采取的政策对工人的罢工斗争是不利的。截至1929年，一切劳资问题纠纷都取决于法庭的判决。这些判决经常依据《谢尔曼反托拉斯法》把工人罢工和工会判定为非法，并判处禁令。虽然1914年通过的《克莱顿法》（Clayton Act）承认以互助为目的的工会是合法的，并要求这种工会通过合法行为来实现目的，但该法并未得到真正意义上的执行。在许多情况下，工会要求雇主解除"黄狗协议"①、聘用更多工人或继续生产等主张，都被判定为非法行为；在加州，所有的罢工（不论目的是什么）都被认为是违法的。② 因此，在20世纪20年代，美国社会是相对平静的，并未出现过大规模的工人罢工。

虽如此，资本主义社会中，劳资双方的矛盾仍是一种客观的存在。这一矛盾可能会被繁荣的经济水平、丰富的物质生活和人性化的管理方式所掩盖，也可能被保守的政治氛围和反对劳工运动的强大的资本力量所压制，却不可能在未触动资本主义私有制的前提下得到根本解决。美国工人运动在20世纪20年代转入低潮，并不等于工人阶级与资产阶级之间的矛盾已经消失。这一矛盾不过是在当时美国的经济、政治和文化环境中被暂时地隐藏和压制住了。

1929年的经济危机使这一矛盾再度显现。1929—1932年，由于大量的企业破产，工人被迫接受大幅度降薪和超负荷劳动，一些缺乏劳动技能的工人则不得不面临失业的威胁。工人们不仅要减少曾经习以为常的娱乐生活，连日用品也捉襟见肘起来。中产阶层不得不搬到便宜的公寓中居住，情况较差的失业工人甚至要露宿街头或以市场丢弃的垃圾为食。对于习惯了繁荣时期中产阶级生活方式的工人而言，这种变化可谓是"极与极"的。而对于那些在繁荣时期就已经处于赤贫状态的工人而言，大萧条时期的生活更是苦不堪言。强烈的心理落差使工人，特别是失业工人，感受到深刻的"被剥夺感"，因此更容易在大萧条时期奋起抗争，意图通过集体行动来捍卫自己的经济权益。可以说，从大繁荣到大萧条，工人生活水平的剧变和强烈的心理落差是20世纪30年代美国工人奋起抗争的直

---

① 黄狗协议（yellow-dog contract）指工人被招聘时必须承诺不加入工会，而且工会如果招募已经签订黄狗协议的工人入会，则属违法行为。

② Irving Bernstein, *The Lean Years: A History of the American Worker 1920 – 1933*, Baltimore: Penguin Books, 1966, pp. 145 – 192.

接原因。

　　同时，当时的美国社会还存在工人运动所需要的各种要素。工业化的高速发展为美国工人运动提供数量庞大的工人大军，而城市化的加速又使越来越多的工人在地域上集中在一起，也就更加有可能通过加入工会的方式参与集体抗争运动。1910年，美国社会中将近百分之十的人口居住在纽约、芝加哥和费城这三个城市之中；到1920年，美国历史上第一次出现了城市人口超过农村人口的现象。在当时1.06亿的总人口中，约有5431.8万人生活在城市中。① 截至1930年，美国社会中的非农业人口已经是农业人口的3倍。② 工业化与城市化的发展又使美国的阶级结构发生了相应的变化。"到了1920年，大约四分之三的美国人必须在劳动力市场寻找机会，通过受雇于他人获得工作机会和维持生活的薪水，美国已经成为一个彻底的'雇员国家'。"③ 此外，20年代中后期社会风习的变化、美国人民思想上的变化也为工人运动在30年代的复苏与发展创造了可能。年轻人思想的叛逆与开放有利于年轻的工人接受社会主义思想和共产主义思想，并认清自己在社会中遭受剥削的本质。并且，随着时间的推移，在20年代中后期，美国社会上对"革命人士"的恐惧与敌视有所减弱，社会党与共产党的力量开始逐渐恢复，这也为工人运动在30年代的复苏奠定了一定的组织基础。

　　综合一下以上的叙述。在20世纪30年代之前，美国工人已经有过悠久的抗争历史。鉴于美国特殊的地理、社会和历史条件，美国的工人运动也发展出不同于西欧工人运动的特点。截至20世纪初，熟练工人仍占美国工人阶级的主体地位，坚持行业工会主义的劳联是当时最大的工人组织。作为工人为了维护现实利益而自发组织起来的工会组织，劳联的首要目的在于维护工人的现实利益，调节工人与资本家之间的关系。因而，在政治上，它并不必然要与工人政党或社会主义政党相结合，而是依托于能够实现其利益诉求的强大政党。同时，19世纪末20世纪初的美国工人运

---

① Ronald AllenGoldbery, *America in the Twenties*, Syracuse: Syracuse University Press, 2003, p. 11.
② Bureau of the Cencus, *Historical Statistics of the United States*, 1789-1945, Washington D. C.: U. S. Government Printing Office, 1949, p. 29.
③ 王萍：《从清教神坛到福利国家——美国工作伦理的演变》，中央编译出版社2016年版，第118页。

动推动了进步主义改革的发生，促使美国的两大政党和政治体系都发生了变化。民主党和共和党日渐重视劳工在选举中的作用，愿意在一定程度上满足底层工人的利益诉求。这就使得工人阶级在政治上依托于两大政党之一，而不是重新建立起独立的工人党或与力量弱小的社会党结合。

随着历史的发展，美国工人运动呈现出阶段性的起伏变化。进入20世纪20年代，劳资双方的矛盾被繁荣的经济表象和人性化的管理方式所掩盖，工会力量则被保守的政治环境和强大的资本力量所压制，工人运动陷入低潮。不过，工业化和城市化的发展为工人运动的发展提供了强大的阶级力量，20年代中后期左派政党力量的复苏也为工人运动的发展提供了一定的组织基础。于是，在1929年经济危机爆发之后，在工人的生活水平和心理发生剧变，社会矛盾被激化的情况下，美国的工人运动逐渐复苏起来了。

第二节　大萧条时期的工人运动

大萧条时期的工人运动是20世纪30年代美国工人运动潮的开端。当时，工人运动的形式主要表现为失业工人的反抗活动和在业工人的罢工行动。其中，遭受经济危机打击最为严重的失业工人是斗争的主力军。他们在社会主义者和进步人士的带领下进行抗议、示威和游行，要求政府为他们提供救济，解决失业问题。同一时期，部分在业工人也在局部范围内掀起了罢工斗争，要求减轻工作负担或增加工资。

然而，不能把这个过程简单地理解为：经济危机一起，工人立即群情激昂，工人运动马上从低落走向高潮。情况并非如此。在大萧条爆发后的几年中，工人运动的规模虽有回升，但发展过程仍然是曲折迂回的，也正因此，我们才把这个时期称为"复苏"的时期。

一　失业工人的反抗活动

失业工人之所以能够成为这时期工人运动的主体，是因为他们作为一个群体，在所有工人中受经济危机影响最深，生活境况最为窘迫。1929—1932年，美国的"工业产出下降了37%，价格下降了33%，实际GNP下降了30%，而名义GNP则下降了一半以上。失业率上升到25%的最高峰,并在 20 世纪 30 年代其他的年份中一直保持在 15% 以上"①。这部分的失业工人穷困潦倒,食不果腹,连基本的生活需求都难以得到满足。有些工人甚至无家可归,不得不在地铁站、市政垃圾焚化厂、货运车厢等地方过夜,并以发霉的面包或市场丢弃的垃圾为食。不少人更因饥饿、疾病、意外事件和生活崩溃而死。

除处境的窘迫之外,这些失业工人在生活和心理上的落差更是致使其发起反抗活动的深层原因。在 20 世纪 20 年代的美国经济繁荣,工商业发达的时期,他们曾经生活富足:工资的提高、工时的缩短以及分期付款方式的出现使他们也可以购买汽车、收音机、家具等产品,享受到过去只属于上层阶级的娱乐活动,例如打高尔夫球、打排球等。然而,大萧条之后,失去工作的工人们不仅无法再享受到这一切,甚至连基本的生存都难以得到保障。物质生活的巨大反差使他们在心理上产生了一种强烈的"被剥夺感",而这种情绪又使他们最容易对社会产生不满,因此最具有团结起来进行抗议的可能。

失业工人能够团结在一起进行反失业游行和反饥饿进军(Hunger March),也还得益于美国共产党的宣传和领导。

美国共产党是一个激进的革命政党,其宗旨在于"教育并组织工人阶级成立无产阶级专政的国家,消灭资本主义制度,建立共产主义社会"②。该党正式成立于 1919 年,主要由从美国社会党中独立出来的左派构成。俄国的十月革命使美国社会党内部发生分裂。其中,左派人士批判党内的右派机会主义,于 1919 年 8 月被开除出党。此后,社会党的左派又因是否立刻成立共产党而发生分歧。以约翰·里德(John Reed)为代表的本土美国社会党人反对立刻成立共产党,于 8 月 31 日成立了美国共产主义劳工党(Communist Labor Party of America);而以查尔斯·鲁登堡(Charles Ruthenberg)为首的由不同语言联盟的移民组成的社会党人则在9 月 1 日成立了美国共产党(Communist Party of America)。1920 年,美国共产党内部就语言联盟的问题产生矛盾,鲁登堡和杰·洛夫斯顿(Jay

---

① 斯坦利·L. 恩格尔曼、罗伯特·E. 高尔曼主编:《剑桥美国经济史(第三卷):20 世纪》,高德步、王珏总译校,蔡挺、张林、李雅菁本卷主译,中国人民大学出版社 2008 年版,第 218 页。

② Communist Party of America, *Manifesto and Program*, *Contitution*, *Report to the Communist International*, Chicago: Communist Party of America, 1919, p.18.

Lovestone）便带领部分党员脱离美国共产党，与共产主义工人党合并为联合共产党（the United Communist Party）。帕尔默大搜捕（Palmer Raids）之后，左翼力量遭受到巨大的挫折。在共产国际的调解下，联合共产党又与由亚历山大·毕特曼（Alexander Bittelman）领导的美国共产党在 1921 年 5 月合并，以美国共产党为名，并在纽约设立总部，以鲁登堡为党委书记，加入共产国际。此后，美国共产党在总体方针上接受共产国际的领导，并从苏联获得资金支持，甚至连党内最高领导人的任命都受到共产国际的左右。在 1921 年 5 月的统一大会上通过的《美国共产党章程和纲领》中，美国共产党指出"必须以暴力革命来摧毁资本主义国家和建立无产阶级专政"，"武装起义是推翻资本主义的唯一途径"[1]。成立初期，美国共产党不仅遭到资本家和政府的敌视，还经历着内部的宗派斗争。[2]因此，在成立十年之后，美国共产党还是个党员人数不到一万的小党。[3]他们认为大萧条是美国社会爆发无产阶级革命的重要机会，于 1929 年 8 月就建立起失业者理事会（Unemployed Councils）来组织失业工人，要"使在业工人和失业工人联合起来"[4]。但是，失业者理事会的这一目标其实是很难实现的。在业工人和失业工人虽然同属于工人群体，但在就业市场上，他们是互相竞争的两个群体。作为剩余劳动力，失业工人是资本主义生产的后备军，他们的存在是资本家降低在业工人工资的筹码，对在业工人构成威胁。只要工人们没有意识到造成自己苦难的根源在于资本主义制度本身，没有意识到他们的斗争对象是资本家，这两个工人群体就很难形成一个统一的利益群体。虽然共产党人为了达到这一目的，不断宣扬资本主义制度的罪恶性，指出造成工人苦难的根源是资本家的剥削，并要求工人阶级团结起来反对资本主义制度，但失业工人对此

---

[1] 丁淑杰：《美国共产党的社会主义理论与实践》，中国社会科学出版社 2010 年版，第 2 页。

[2] 在开除了托洛茨基主义者和洛夫斯顿主义者之后，美国共产党总书记一职由白劳德接任，基本上结束了美国共产党长达十年的宗派主义斗争。关于美国共产党成立前十年的具体历史可参照 Theodore Drapper, *American Communism and Soviet Russia*, New York: Vintage Books, 1986.

[3] 威廉·福斯特认为当时美国共产党的党员有 9642 人，但历史学家哈维·克莱尔认为 1930 年时美国共产党的党员数才只有 7545 人。见［美］威廉·福斯特《美国共产党史》，世界知识出版社 1957 年版，第 312 页；Harvey Klehr, *The Heyday of American Communism: The Depression Decade*, p. 91.

[4] 陆镜生、张友伦：《美国工人运动史》，第 625 页。

并不十分感兴趣,① 他们迫切需要解决的是生计问题。对于有着不同境遇的个体失业工人而言,他们之所以聚合在一起,根源在于其内心深处因生活发生巨大变化而产生的"失落感"和因生活的窘迫而感受到的"绝对的"被剥夺感,其目的在于维持基本生活需求,获得工作机会。现实的窘迫使他们即使认同共产党所提出的"造成工人苦难的根源是资本家的剥削"之观点,也要求首先解决自己的温饱问题。

这就决定了失业工人的斗争对象并非资本家,而是应该解决失业问题、对工人给予救济的政府。在新政之前,美国社会关于失业者保障的立法几乎为零。当时,不管是联邦政府还是州政府都没有关于失业补助的计划。因此,在萧条来临之际,失业者是无法得到任何补助的。同时,美国政府也没有设立失业救济金。针对失业救济的问题,当时的美国社会只能依靠古老的英国《济贫法》(Poverty Act)。该法认为,贫穷是可耻的境况,其根源在于懒惰。因此,贫困的根源在于个人而不是机制。同时,联邦和地方政府按照宪法执行自己的职责,但由于宪法并没有规定联邦政府具有救济的权利与义务,联邦政府也就无法越过州政府来执行救济工人的任务。在州政府中,负责失业救济的多属于警察和法院。许多情况下,他们把责任交给当地的慈善机构或救济社团。② 但是,社会上的慈善机构和救济社团的能力总是有限的。因此,大量的失业工人把斗争的矛头指向了政府。

为了吸引这些失业工人,扩大自己的规模,美国共产党改变自己的策略,暂时放弃消灭资本主义制度、推翻资产阶级统治的口号,而把目标定得更为直接、务实。因此在这一时期,美国共产党主要通过失业者理事会为失业工人提供一定的救济和住所,使其成为失业工人发泄内心苦闷的场所,提出具体的改善工人生活条件的口号来团结失业工人,并带领他们进行反失业游行和反饥饿进军。

例如,1930年2月11日,美国共产党人带领3000名失业工人到克里夫兰市政厅进行示威;2月15日,费城的失业工人委员会带领了250名失业工人前往市政厅要求与市长会晤;一周之后,1200名失业工人又游

---

① Danny Lucia, "The umployed movements of the 1930s", *International Socialist Review*, May 2010, Issue 71, http://isreview.org/issue/71/unemployed-movements-1930s, March 23rd, 2017.

② Irving Bernstein, *The Lean Years: A History of the American Worker* 1920 – 1933, Baltimore: Penguin Books, 1966, pp. 225 – 242.

行到芝加哥市政厅示威；2月26日，3000多名失业工人在洛杉矶市政厅示威。起初，各个城市的反失业示威比较零散、分散，而且全被警察驱散，或用催泪瓦斯对付。但在1930年3月6日，美国共产党领导了一次全国范围的反失业抗议游行，并把这一天称为"国际失业日"。美国共产党称当天全国参与失业游行的人数达到100万人，但也有历史学家认为50万人更加接近实际情况。① 纽约、底特律、波士顿、芝加哥、费城、克里夫兰及其他30多个城市都举行了反失业示威游行。在这些大城市中，参与游行的工人数量众多，声势浩荡：纽约和底特律均有10万余人参与其中，波士顿约有5万人参与，芝加哥和费城均有3万余人参与。② 在纽约，威廉·福斯特带领着3.5万人在联合广场集合，决意要沿着百老汇大街前往市政厅抗议。但是，市长吉米·沃克（Jimmy Walker）拒绝了他们的要求，甚至派出警察逮捕、阻止他们。最后，这场游行被严重破坏，4名共产党组织者被逮捕入狱。

美国共产党还发动了全国范围的反饥饿进军来表达不满。他们从向市政府进军发展到向州政府进军，最后开始向华盛顿特区进军。斗争的矛头也就从地方政府转向了联邦政府。1931年12月，来自芝加哥、圣路易斯、布法罗和波士顿的1500多名失业代表进入首都，前往国会山，要求与政府官员对话，但是参众两院和白宫都拒绝了他们的要求。于是，反饥饿进军者们在12月8日离开了华盛顿。1932年12月，美国共产党又组织了第二次反饥饿进军，参与人数达到3000名，要求"紧急失业救济、帮助困难的农民、失业保障、向退伍军人支付退伍金"③ 等。

然而，美国共产党领导的反失业游行和反饥饿进军基本都以失败告终。其中，1932年3月7日对抗福特汽车公司的反失业游行更是遭到了残酷的镇压。当时，共产党人带领着三千多名福特汽车工人（包括在业的和失业的）进行抗议。示威者们举着写有"给我们工作"，"要面包不要面包屑"和"让富人缴税，养活穷人"的标语牌前往位于底特律迪尔伯恩地区（Dearborn, Detroit）福特的胭脂河工厂（Ford

---

① John Newsinger, *Fighting Back: the American Working Class in the 1930s*, London: Bookmarks Publications, 2012, p. 48. 陆镜生和张友伦在《美国工人运动史》中称全美约有125万人参加此次的反失业游行。

② John Newsinger, *Fighting Back: the American Working Class in the 1930s*, p. 49.

③ 陆镜生、张友伦：《美国工人运动史》，第628页。

River Rouge Plant)。但此次游行被迪尔伯恩的警察阻止了。警察释放催泪瓦斯对付示威者，阻止示威者进入小镇。同时，福特的私人服务部门派警卫队与警察们一同镇压示威者，最终造成 4 名工人身亡，还有几十名工人重伤。事件发生之后，当地的主流媒体却将罪责推到共产党人身上，并对左派人士进行大肆逮捕；福特公司也开除了几千名工人。

除了共产党人，其他的社会人士也组织失业工人进行反饥饿游行或开展互助活动。例如，1932 年 1 月 7 日，詹姆斯·考克斯（James Cox）牧师就带领 1200 名宾夕法尼亚工人前往华盛顿，要求联邦救济和向富人征税。社会党人、托洛茨基主义者、世界产业组织成员及一些无政府主义者也用各种方式团结失业人士。此外，1932 年退伍军人自发前往华盛顿要求政府提早兑现退役补贴的进军更是吸引了全国的注意力。但是，胡佛总统派遣麦克阿瑟将军带领正规军用催泪瓦斯驱逐退伍军人，并放火烧毁了退伍军人的几个营地，造成两位退伍军人死亡，十几人被砸伤，还有一千多人因催泪瓦斯受伤。[1] 最终，退伍军人的进军彻底失败，大部分的退伍军人投入到失业大军中去。

失业游行与示威的频频遭挫体现了当时美国失业工人力量的薄弱。失业工人对生产进程几乎不会产生什么影响，对工商业生产的威胁也就相对较小。因此，对于资本方而言，失业工人的力量是薄弱的，他们完全可以通过暴力手段镇压这些工人的示威游行。而在联邦和地方政府看来，救济失业工人并非自己的责任。当失业工人的示威游行破坏了社会秩序时，镇压似乎成了合理的解决方式。此外，共产党对失业工人的领导也使他们的运动遭到更加严厉的打击。虽然到了 20 世纪 20 年代末，"红色恐怖"的氛围已逐渐淡去，但政府对工会，特别是激进的社会团体仍然是较为敌视的。因此，对共产党人所领导的失业工人示威，他们更可能会采取暴力镇压的手段。在资本家和政府方的联合镇压之下，弱小的失业工人运动多以失败告终。

二 在业工人的罢工斗争

与失业工人在全国范围内发起的轰轰烈烈的抗议斗争相比，在业工人

---

[1] Irving Bernstein, *The Lean Years: A History of the American Worker 1920–1933*, p. 453.

的罢工斗争只是局部性、小规模的。当时，在业工人的罢工次数相对较少：1930年637次，1931年810次，1932年841次。① 参与到罢工斗争中的工人也多是集中在南方②的纺织业和煤矿业中，主要针对小公司和小企业，地域上比较分散，罢工规模也不算大。

那么，为什么在萧条时期只有部分在业工人发起罢工运动？

从工人的角度来说，虽然经济的持续衰退使资本家采取减少工资或增加工作量等方式来维持自己的利润，仍在工作岗位上的工人，特别是那些非技术性工人，害怕自己随时会被待业工人所取代，因此不会轻易发动罢工斗争。而且，与当时的失业工人相比，在业工人仍然能够维持最低的生活水平，他们所感受到的是一种"相对的"被剥夺感，因此他们对现状的不满还不足以使之与资本方发生冲突。同时，经济危机对不同行业的工人所产生的影响并不一样，因此只有某些行业的工人发起罢工斗争。

除此之外，虽然生产的工业化促使工人们在地域上日趋集中，但当时美国工人阶级的结构已经开始发生变化，这也是大萧条时期的罢工斗争往往呈现出局部性和分散性特点的一个重要原因。机械化生产的发展使资本方对技术工人的需求逐渐减少，开始雇用非技术性或半技术性工人。随着泰勒制在工业领域中的盛行，同一个工厂中的工人已经出现了管理人员和操作人员的区别。许多大工厂雇用专业的管理人员对工人进行管理，同时由技术熟练的工人来训练帮工，控制实际工作。因此，在大萧条时期，美国工人内部已经出现了"分层"。从20世纪20年代起，白领工人的比例日益扩大：1910年，白领工人仅占就业人口的21.4%，到了1930年，该比例已经增长到29.4%，并在1940年占总就业人口的31.1%。③ 虽然白领工人还不是工人阶级中最主要的力量，但已经逐渐成为其中十分重要的一部分了。工人阶级的内部根据不同的标准可以分化为不同的群体，使得很难找到一个能够被各个工人群体所认可的"利益"，使整个工人群体形成一个统一的"利益群体"。这样一来，并非所有的工人都愿意参与到罢

---

① Irving Bernstein, *The Lean Years: A History of the American Worker 1920–1933*, p. 341.
② 注：不同学者对南方地区的界定各不相同。本书中，南方地区主要包括弗吉尼亚、北卡罗来纳州、南卡罗来纳州、佐治亚、佛罗里达、肯塔基、田纳西、亚拉巴马、密西西比、阿肯萨斯、路易斯安那、俄克拉荷马和德克萨斯州13个州。
③ 斯坦利·L. 恩格尔曼、罗伯特·E. 高尔曼主编：《剑桥美国经济史（第三卷）：20世纪》，第408页。

工中去。

大萧条时期的罢工斗争多发生在南方的棉纺织业和煤矿行业，但这两个行业内工人的罢工情况并不完全相同。

南方棉纺织业的罢工斗争有许多是由基层工人自发发起的，之后得到了劳联工会或共产党的帮助和领导。例如，1927年8月4日，皮德蒙特地区（Piedmont）约有八百名无组织的棉纺织工人自发进行罢工抗议，反对工厂主从三年前就开始的削减工资政策，最后以失败告终，但此次罢工使劳联派遣组织者前往南方地区，招募纺织工人加入纺织工人联合会（United Textile Workers）。[①] 1929年3月12日，田纳西州东部伊丽莎白顿的格兰茨斯托夫纺织厂（Glanzstoff Plant，Elizabethton）工人爆发了一次罢工。此次罢工最初也是由无组织的工人自发组织的。劳联纺织工人联合会的组织者霍夫曼（Hoffman）后将工人组织起来，成立了纺织工人联合会1630号地方支部。1928年3月5日，北卡罗来纳州加斯托尼亚市罗瑞纺织厂（Loray Mill，Gastonia）工人自发发起了一场反对降薪的罢工运动。此次罢工时间较短，工厂通过更换管理层来平息工人的怒气。但工人的境况并未发生实质改变，于是在1929年4月1日，由共产党人主导的全国纺织工人工会发动工人进行罢工，提出减少工作量、增加工资、每周40小时工时等要求。

煤矿行业的罢工斗争则相对激烈些，也得到了劳联工会、共产党和独立工会的领导。当时，劳联的矿工联合会（United Mine Workers）承担起南方矿工的组织工作，但它所领导的罢工通常也以失败告终。1931年2月，肯塔基州哈伦县（Harlan County，Kentucky）的矿场将当地矿工的工资削减了10%，引起工人的不满。同时，当地公司还开除加入工会的工人。矿工联合会的组织者特恩布莱泽（Turnblazer）召开工会会议，要求工人签字反对这种歧视，并保证矿工联合会将为罢工提供食物和资金。很快，肯塔基的罢工开始了，但罢工者并未得到工会承诺的食物与资金。罢工者受到工厂守卫的攻击，并在5月4日与雇佣方的副手卷入武装争斗中，造成人员伤亡，引起全国对此事的重视。州长派遣部队前往哈伦县，矿工联合会作为工人代表与州长进行谈判。不过，协议很快被雇佣方否

---

① Irving Bernstein, *The Lean Years: A History of the American Worker 1920 – 1933*, Baltimore: Penguin Books, 1966, p. 13.

认，工会领袖也惨遭逮捕。于是，矿工联合会放弃此次罢工：特恩布莱泽告诫工人重返工作场所，并且没有给出原因。[①] 1932 年，印第安纳州的矿场工人在矿工联合会的带领下也发起了一场反对矿场主降薪 25% 的罢工斗争。但矿场主无视工人的罢工，并表示要继续雇用非工会工人进行生产。矿工联合会决心要关闭这些矿场，却遭到矿场主无情的打击，造成 1 名矿工死亡，8 名矿工重伤。最后，工人不得不接受降薪。

共产党主要是通过全国矿工工会（National Miners' Union）在俄亥俄州、宾夕法尼亚州和肯塔基州等地领导煤矿工人的斗争。在矿工联合会对肯塔基州哈伦县矿工的领导失败之后，共产党人开始接管罢工，希望把哈伦县当作是其摧毁资本主义体系的一个切入口。全国矿工工会的领导人不仅亲自到达哈伦县，还吸引了许多左派知识分子和作家前往哈伦县进行调研，并在全国范围内传播该地区的工人境况。但是，哈伦县的资本家联合起来反抗共产党工会，并采取各种方式恐吓当地居民、破坏工会会议，恣意残杀工人。外来人员遭到殴打、驱逐，罢工者反而得不到任何救济。到 1931 年年底，全国矿工工会在该地区的地方分会完全被摧毁，工会基本也从肯塔基州消失了。俄亥俄州的情况更加暴力、复杂：1931 年，全国矿工工会决定组织俄亥俄州东部和宾夕法尼亚州西部的矿工要求提高薪资待遇，实行 8 小时工作日和承认工会。工会的谈判诉求遭到拒绝，于是全国矿工工会决定采取武装暴力的方式迫使工场停工。尽管罢工的过程十分激烈，最终仍是以失败告终。

除此之外，在劳联工会和共产党力量未及之处，还有些独立工会领导工人进行斗争。1931 年的弗吉尼亚州约有矿工 11.2 万人，其中 1/3 完全失业，还有 1/3 每周只能工作一两天。[②] 因此，矿工联合会在这里基本上已经分崩离析了。但是，前社会主义者弗兰克·基尼（Frank Keeney）组织起了西弗吉尼亚矿工工会（West Virginia Mine Workers Union），其指导思想比矿工联合会激进又比共产主义保守。5 月 20 日，基尼发动 300 名矿工及其家人进行反饥饿游行，要求州长发放救济金。州长虽然接见了他们，却表示政府无能为力。于是，基尼又以罢工为手段逼迫西弗吉尼亚的

[①] Irving Bernstein, *The Lean Years: A History of the American Worker* 1920 – 1933, pp. 377 – 381.

[②] Irving Bernstein, *The Lean Years: A History of the American Worker* 1920 – 1933, p. 382.

矿场主与工人签订协议。工厂主们对罢工者进行了残酷的镇压。在红十字会中断对罢工者的援助及可供维持罢工的食品消耗殆尽之后,西弗吉尼亚矿工工会也走到了尽头。8月份,基尼停止罢工,解散了工会。

综上可见,美国工人在大萧条时期发起过小规模的罢工运动,但他们多集中在受到经济危机打击特别严重的行业之中。由于工人在生产中所处的劣势和工人组织力量的薄弱,当时美国工人的罢工斗争几乎都遭遇到资本方或政府的镇压,极少能够实现工人们的利益诉求。所以说,大萧条时期的美国工人运动虽然正在复苏,其过程却是曲折而缓慢的。

第三节 大萧条时期工人运动的复苏为何缓慢?

1929年的经济危机揭开了美国社会浮华的面纱,使工人阶级与资本家之间的矛盾再度显现出来。鉴于美国工人运动在20世纪20年代长期受到政府与资本家的双重压制,工人的不满与愤懑难以通过正常渠道进行纾解;再加上大萧条前后工人生活水平的"巨变"所带来的心理落差,按照人们通常熟悉的、实际上是被简单化了的一般的阶级理论解释,在如此深刻剧烈的经济危机的影响之下,美国社会的劳资矛盾本该以更为激烈的方式得到全面爆发才对。

然而现实的发展并不如此简单。如前所说,实际上,只有失业工人和部分的在业工人才意识到这一矛盾,并用发起抗议和罢工的方式表达自己的利益诉求。而且不只如此,在这一时期,不论是失业工人的抗议还是在业工人的罢工都未能立即使工人们的利益诉求得到解决,相反,它们大都遭到资本方和政府的压制,只能在挫折中缓慢发展。这又是为什么呢?

这首先可以归之于工人阶级力量的分化。尽管当时失业工人和在业工人都进行了抗争活动,但这两个群体的运动是相分离的。这种分离和分化在很大程度上导致了工人运动不仅未能在大萧条时期得到全面发展,反而频频受挫。由于这两个运动的力量都相对弱小,也就很容易被强大的政府和资本力量的联合所打击。美国工人阶级内部不同群体或阶层的彼此孤立、缺乏配合,是导致运动缺少对抗资本主义的足够力量的原因。

于是很自然地,又会产生进一步的问题:为什么失业工人与在业工人没能联合起来呢?

马克思的阶级理论对于分析工人阶级的利益、心理及其活动有着重要的启发意义。但是，在马克思那里，这一理论还具有十分抽象的形式，在实际的运用中还需要有进一步的细化和具体化。特别是随着20世纪以来经济条件和阶级关系的变化，更需要对这一阶级理论予以发展。在这方面，达伦多夫的阶级冲突理论可能给我们以有益的启发。

按照达伦多夫在《工业社会的阶级和阶级冲突》中的看法，阶级冲突形成的前提在于两个相互对立的利益群体的形成。而这种利益群体的形成有它的技术前提，即能够说明利益群体"潜在利益"并将这个群体组织起来的组织者和有利的组织条件（多指有利的社会制度条件）。① 只有当组织者在有利的组织条件下把一个具有潜在利益的群体组织起来，并使其中的个体意识到他们的共同利益诉求时，这一利益群体才得以形成。当一个利益群体想要改变同另一个利益群体在某个强协体②内的权威关系时，冲突就会形成，并以社会运动的方式得到体现。因此，具体到工人运动中，当我们考察工人运动的发生与发展时，也应着重考察工人阶级本身、工人组织和社会制度环境这三个因素。

虽然美国工人（不管是失业工人还是在业工人）在生产关系中所处的地位决定了他们有着共同的"利益诉求"（即摆脱被资本家剥削的地位），但这种"潜在利益"在大萧条时期分别被失业工人群体的潜在利益（即重新获得工作）与在业工人群体的潜在利益（即增加工资、减轻工作负荷等）所掩盖了。在就业问题上，这两个工人群体首先是相互对立、相互竞争的关系，这在一定程度上阻碍着他们形成共同对抗资产阶级的利益群体。这便使得这两个群体出于不同的利益而无法形成共同的阶级意识，从而无法联合起来。

此外，在美国资本主义的有利的发展条件下，特别是在20年代较为

---

① Ralf Dahrendorf, *Class and Class Conflict in Industrial Society*, Stanford: Stanford University Press, 1959, p. 185. 达伦多夫阶级冲突理论中的"阶级"与马克思主义意义上的阶级概念虽不相同，但其理论同样适用于工业社会中的阶级冲突。达伦多夫认为，社会冲突是不同群体之间针对权威关系所发生的冲突。因此，冲突的发生首先要求有冲突群体的存在。个人的角色决定了其行为趋势，也就决定了其潜在利益（latent interest）。而当这种潜在利益被意识到时，它就成了显性利益（manifest interest）。所有有着潜在利益的个人所组成的群体就是一个准群体（quasi-group），而当潜在利益成为显性利益时，准群体就成了利益群体（interest group），而只有利益群体之间因为权威结构而引起的冲突才叫作阶级冲突。工人阶级在生产领域中的角色决定了他们是一个准群体，当他们意识到自己作为工人阶级的利益时，也就成为一个利益群体，即达伦多夫所指的"阶级"。

② 达伦多夫认为社会是各种"强协体"（imperatively coordinated associations）的集合。

优渥的物质生活的影响下，大多数工人在心理上早已程度不同地积淀起了对资本主义的认同感。借用意大利共产党人葛兰西的说法，他们在潜移默化中逐渐服从了资产阶级的"文化领导权"。这首先反映在许多工人，首先是那些技术熟练的工人（而这部分工人在大萧条时期勉强还能保住自己的工作）的心态中。他们认为，只要通过努力，自己就能够跻身于中产阶级甚至资产阶级的行列。他们对资本家的态度与其说是嫉妒与怨恨，不如说是羡慕与憧憬。这些工人虽然不再把工作当作一种美德，但大部分依旧相信"勤俭即能致富"的价值观，认为只要"持之以恒地辛勤劳动，朴素节俭，诚实守信，把握机遇，就一定能够出人头地"[1]。这就导致了许多人倾向于把失业工人的遭遇归结于他们自身的懒惰和无能，而不是从社会和制度的角度去寻找原因。因此，在业工人不仅不会与失业工人一起进行示威抗议，而且在社会上存在大量的失业工人作为自己的竞争对手的情况下，他们不到万不得已是不太可能进行罢工的。只有那些受到经济危机影响尤为严重、遭受的剥削尤为残酷的在业工人才会进行小规模的罢工运动，提出诸如加薪、减负之类的具体要求。

此外，缺乏强有力的组织者和有利的组织条件，也导致失业工人和在业工人未能联合成一支整体的力量与资本家抗衡。

首先，就组织者的因素来看，虽然当时的美国社会并不缺乏工人组织，但这些组织都没有足够的能力与动力来组织全体工人。大萧条时期的美国缺乏一个能够将大部分失业工人与在业工人联合起来去反对资本主义的强大组织。

一方面，作为当时最强大、最重要、影响最为深远的一个工会组织，劳联的力量已经大不如前。由于指导政策不当和其所领导的罢工运动的多次失败，劳联的会员数自20年代起就已经不断减少，许多工会的规模大幅度缩小（不过建筑业、交通运输业和煤矿行业等的劳联工会在1929年时仍然是相对强大的）。同时，大萧条所带来的高失业和低工资迫使那些力量相对强大的劳联工会的会员纷纷退会：建筑业工会和交通运输业工会的会员在四年之内减少了1/3，[2] 制衣工人协会（The Amalgamated Clothing Workers）在1920年有177000名会员，但在1932年会员数较少的月

---

[1] 王萍：《从清教神坛到福利国家——美国工作伦理的演变》，第113页。
[2] Irving Bernstein, *The Lean Years: A History of the American Worker 1920–1933*, p. 335.

份仅有7000人缴纳会费;1933年初,油气工人工会仅有300名会员。①到1933年,劳联的会员数比1920年时少了130万人。② 不仅如此,劳联历来奉行"简单工会主义"(Pure and Simple Unionism)的指导原则,首要目的在于保障工人的工作与高工资,旨在通过与资本家进行合作和谈判的方式来保障工人的经济权益。在劳联看来,失业工人的存在威胁着在业工人。因此,它不可能愿意去联合失业工人与资本方进行抗争。再者,劳联认为工人运动的目标在于进行集体谈判和获得高工资这类"近在眼前的、与面包和黄油相关的事物"③,而不是那些与理论相关的不切实际的东西。所以在大萧条时期,劳联并不认为工人与资本家之间有着绝对的利益冲突,更愿意通过与雇佣方合作或谈判的方式来解决工人的具体问题。例如,当时的国际卡车司机兄弟会(The International Brootherhood of Teamsters)就坚决表示不允许工人罢工。因此,我们看到,当时的许多工人罢工,起初都是由基层的工人自发发起的,后来才得到劳联的帮助和领导。而即使那些力量相对强大的工会——例如矿工联合会——主动组织工人进行罢工斗争,最后也因为力量的弱小而被迫终止。

另一方面,虽然美国共产党一直主张通过革命来建立无产阶级专政,推翻资本主义制度,但这种激进的主张很难得到生活条件优厚的美国工人的认可。在经济危机爆发之后,美国共产党人积极组织工人进行斗争。但是,他们仍然按照共产国际的"第三时期"理论,认为资本主义社会的阶级矛盾是在日益不断地加剧,因而不切实际地提出激进的口号,并宗派主义地把工人的其他组织如劳联、社会党和民主党,一股脑儿地说成是法西斯的代表,对其进行强烈的批判,从而使自己陷入了孤立状态,得不到广大工人群众的理解和信从。他们既然拒绝与拥有大量在业工人会员的劳联合作,也就无法组织、动员这部分工人。虽然美国共产党在已有劳联工会的行业领域内又发展了自己的工会,招募了部分在业工人,但这些工会的力量都比较薄弱,也就很难成为一支能够与垄断资产阶级相抗衡的力量。

同时,相较劳联而言,美国共产党的历史很短,力量更弱。大萧条时

---

① Irving Bernstein, *The Lean Years: A History of the American Worker* 1920–1933, p. 335.
② 陆镜生、张友伦:《美国工人运动史》,第619页。
③ Louis S. Reed, *The Labor Philosophy of Samuel Gompers*, New York: Colunbia University Press, 1930, p. 26.

期，美国共产党仅成立十余年。当时，该党的规模不仅不大，大部分的党员还都是失业工人。历史学家哈维·克莱尔指出，1930年时美国共产党的党员数大约有7545人，到了1931年增长到9219人。直至1932年才冲破了10000人大关，并在1932年的总统选举之后增长到了18119人。到了1933年6月，美国共产党的党员人数又减少到了14937人。① 而且，从党员的构成来看，1930—1934年新入党的党员主要是失业工人。1932年，党员中40%为失业工人，到了1934年失业工人的人数占比达到了60%—70%。甚至在某些地区，新入党的成员中约有80%为失业工人。② 因此，美国共产党在大萧条时期的活动还是以领导失业工人进行抗议为限，仍不是一支对广大工人群众具有重大吸引力和号召力的组织团队。

其次，从组织条件的因素来说，当时的制度环境并不利于工人的组织活动，更不用说将失业工人和在业工人组织起来进行反抗资本家的斗争了。

一方面，美国的资本家在20年代推行"开放工厂"计划，反对封闭工厂与集体议价运动。资本方认为，工人运动的传统目标侵犯了私人财产权，同时也限制了工人以个人名义定协议的传统权利。③ 因此他们鼓励工人以个人的名义与工厂签订协议，并设立了公司工会来处理工人的不满与申诉。不过，由于在1929年经济危机到来之前，美国社会还没有专门处理劳资关系的申诉机制，只有那些大公司和集团设立了公司工会，因此大部分的美国工人仍然无法通过有效的申诉机制来表达自己的诉求，只能够通过罢工的方式来诉说自己的不满，要求资本方做出改变。但在资本方看来，工人的罢工侵犯了他们的私人财产，破坏了生产秩序。

另一方面，美国法院对罢工基本持反对态度。当时，美国并没有专门处理劳资矛盾的法律，所有的法律都取决于法庭的判决。而最高法院认为，"只有当工会的建立是为了工人之间的互助，以及合法地实现他们的合法目的时"④，这种工会才是合法的。具体到工人的罢工运动，当时没有一条法律绝对承认罢工运动是合法的，有的地区认为以要求得到工作机

---

① Harvey Klehr, *The Heyday of American Communism: The Depression Decade*, p. 91.
② Harvey Klehr, *The Heyday of American Communism: The Depression Decade*, p. 161.
③ Ronald Allen Goldbery, *America in the Twenties*, p. 132.
④ Irving Bernstein, *The Lean Years: A History of the American Worker 1920–1933*, p. 191.

会为目的的罢工是非法的，加州地区则认为所有的罢工都是违法的。① 仅在 20 世纪 20 年代，"法院就颁发了 2100 多道反对罢工的判决，而且有 25% 的罢工被法院下了禁令"②。

所有的这些制度因素都决定了当时的工人阶级斗争必然遭到资本家和地方政府的暴力压制。因此，大萧条时期的许多罢工斗争都受到警察、治安官的打压。例如，纺织工人联合会 1630 号地方支部在 1929 年 4 月 15 日发起的一次罢工遭到约八百名州警和治安官的镇压，1250 人被捕，43 人被指控，而且工人所提出的要求并未得到回应。③ 共产党人领导的罗瑞纺织厂工人罢工遭到整个加斯托尼亚市上层社会的反对：地方议员称此次罢工为暴乱，地方报纸用一整个版面报道此次罢工，称其目的在于推翻政府，消灭私有财产和无止境的杀戮。虽然共产党积极地组织此次罢工，并在纽约和北部城市筹集资金救济罢工工人，但在公众舆论的压力和救济金不足以维持罢工的情况下，罢工于 4 月 15 日宣告失败，全国纺织工人工会的总部也被摧毁。

如上所述，在工人阶级本身分化成两大利益群体、工人组织力量不够强大和制度环境不利于工人进行组织的情况下，大萧条时期的美国工人运动只能够在挫折中缓慢发展。由于力量的弱小，它们遭到了地方政府和资本方的镇压与抵制，多以失败告终。

然而，简单地依靠权力对反抗实行镇压，从来都不是应对社会冲突的有效方式。在资本主义社会中，它不仅不能使劳资矛盾得到缓和或解决，反而使越来越多的工人意识到，只有依靠组织的力量才能够维护他们的权益。在这样的局势下，社会必须有一场重大变革，非如此不能解决如此严重的社会矛盾。问题只在于：这种变革是以共产党人所主张的革命方式，还是在现存的社会秩序内部，以自我调节的方式进行？在美国这个具有制度、文化及经济等各种优势的发达资本主义社会条件下，这场变革采取了后一种方式。大萧条时期的各种矛盾让社会各个阶级和阶层意识到解决失业问题、工会问题及工人的权利问题已经刻不容缓，也促使同情工人的知识分子开始研究不同行业工人的境况，呼吁由政府出来采取措施。随着

---

① Irving Bernstein, *The Lean Years: A History of the American Worker 1920 – 1933*, p. 192.
② William Forbath, *Law and the Shaping of the American Working Class*, Cambridge: Harvard University Press, 1991, p. 158.
③ Irving Bernstein, *The Lean Years: A History of the American Worker 1920 – 1933*, p. 18.

1932年胡佛总统在选举中的失败和罗斯福的当选，工人阶级的活动得到了较为有利的环境，20世纪30年代的工人运动也进入到了全面高涨的新阶段。

第四节　小结

　　1929年的经济危机是20世纪30年代美国工人运动潮的直接导火索。它改变了美国工人的生活水平和心理状态，激化了社会矛盾，促使工人们再次团结起来进行反抗资本家的斗争。但此次运动潮的发生并非仅仅是由于1929年的经济危机。它的发生与发展有其特定的时代与社会背景。为了更好地了解该时期的工人运动，我们在本章中回顾了20世纪30年代之前美国工人运动的发展历史和大萧条时期美国工人运动的发展情况，以求更好地了解20世纪30年代的运动潮。

　　美国工人运动有着悠久的历史，并呈现出独特的发展特点。在第一次工业革命之后，美国并不存在如西欧资本主义国家那样明显的阶级分化和激烈的社会矛盾。这是因为美国早期的资本主义发展并不是靠剥削自耕农和掠夺海外殖民地得以实现的。广袤的西部边疆化解了资本主义发展过程中出现的社会矛盾，大量的移民人口又为资本主义的发展提供了充足的劳动力。因此，在19世纪60年代之前，美国社会的阶级分化并不明显。当时，占美国人口多数的并非工业工人阶级，而是包括农场主、小生产者和手工作坊主等在内的美国传统意义上的中产阶级。工人阶级则以熟练工人和工匠为主。因此，早期的工人运动并不那么"激进"，多是通过建立局部性的手工业工会来维护自己的权益。随着南北战争的结束和第二次工业革命的发生，美国的工业资本主义得到迅速发展。全国性的工会组织在这一时期得到迅速发展，社会主义政党也逐渐发展起来，并与工会之间产生了互动。这些工人组织在19世纪末20世纪初带领工人进行激烈的罢工运动，推动进步主义改革，并促进了美国社会的变革。但到了20世纪20年代，美国社会繁荣的经济表象和人性化的管理方式掩盖了劳资双方的矛盾，工会力量又被保守的政治环境和强大的资本力量所压制，致使工人运动陷入低潮。从发展历史来看，美国工人的工会主义斗争经验要远远丰富于社会主义斗争经验，这为其后期的发展埋下了伏笔。

　　1929年的经济危机使资本主义社会的固有矛盾再次显现出来。加之工人组织在 20 年代后半期的力量复苏，工人运动也开始重新发展起来。但这并不意味着美国的工人运动立刻进入到高涨阶段。只有在经过了大萧条时期的缓慢复苏之后，美国工人运动才真正进入高潮时期。大萧条时期的工人运动以失业工人的示威游行和在业工人的局部罢工为主。在工人阶级分化为在业工人和失业工人两大利益群体，工人组织力量不够强大，美国的制度环境也不利于工人组织工作的情况下，大萧条时期的美国工人运动只能够在挫折中缓慢发展。它们遭到了地方政府和资本家的双重镇压，多以失败告终。但是，暴力镇压从来都不是解决冲突的有效方式。美国政府与各界社会人士都意识到社会矛盾的严重性，开始思索对策。在这样的情况下，罗斯福新政应运而生。工人运动开始真正进入到迅速发展的时期。

第二章

美国工人运动中工会主义的高涨

虽然大萧条时期的工人运动遭到政府和资本家的双重打压,但美国工人的斗争热情却日渐高涨。新政之后,工人运动得到高速发展。经过1933—1934年的转折期,工会主义运动在1935年之后走向巅峰。美国工人不仅在经济领域内发起罢工斗争,要求资本家提高工资待遇、减轻工作负荷并承认工人工会的合法性,还在进步人士和社会主义政党的带领下发起独立的政治行动。对此,我们将分别在第二章和第三章中加以说明。美国工人在经济领域内的斗争特点表现为工会主义(trade unionism)的迅速发展。这种工会主义主要指的是工人通过自发形成的工会,以经济领域内的罢工斗争为主要手段来维护工人在生产关系中的地位和经济利益,协调工人与资本方之间的关系。在本章中,我们将分阶段说明新政之后美国工人在经济领域内运动的发展,并分析其呈现出相应特点的原因。

第一节 工人运动的转折期:1933—1934年

1933—1934年是20世纪30年代美国工人运动的重要转折期。工会力量在此时有所复苏,并在1935年之后迅速壮大起来。罢工斗争频发,范围遍布汽车业、橡胶业、采矿业、电子业、农业、报业等不同行业,并在1934年形成一股罢工潮。与大萧条时期小规模、分散的罢工运动不同,1933—1934年的罢工斗争不仅分布范围广,规模较大,还造成了深远的社会影响。

美国工人运动之所以在此时发生转折,与其所处的政治环境和工人组织力量的变化是密切相关的。大萧条时期,在业工人罢工运动的低迷并不意味着他们对自己的工资水平和工作状态感到满意。事实上,他们已经在经济危机中逐渐意识到自己与资本方之间的矛盾。但是，碍于大量失业工人的存在，工人组织力量的薄弱和社会环境对工人运动的"排斥"，他们未能以社会运动的形式表达自己的利益诉求。当工人的愤懑与不满积累到一定程度时，罗斯福新政的出台，特别是《国家工业复兴法》（National Industrial Recovery Act）第 7 (a) 条款的出现，为工人提供了发泄不满的合法渠道。于是，随着工会力量的复苏与发展，长期受到压制的劳资矛盾便以罢工潮的形式在 1933—1934 年集中爆发。

一 罗斯福新政的出台

罗斯福新政为工人运动的发展提供了有利的制度因素。该政策并非凭空出现的。从某种意义上来看，它是进步主义改革在 20 世纪 30 年代的继续体现。正如第一章中所提及的，进步主义运动使美国的民主党和共和党都发生了改变。当时，两大政党都受到了进步主义思想的影响，也都愿意针对社会上因工业发展而产生的种种问题进行改革。因此，在美国陷入大萧条之后，政府中的进步主义分子都在积极地寻求解决方案，维持社会稳定。除此之外，共和党和民主党——特别是民主党——的选举策略在进步主义时期也发生了重大改变。鉴于劳工力量在进步主义时期的增强，民主党和共和党都希望能够在选举中拉拢劳工。内战之后，民主党因在战争中支持奴隶制的问题被共和党揪住不放，在选举中一蹶不振。当时，民主党与共和党的选民区域可以说是以地域为界线的——北部的工商业城市是共和党的传统领地，而南方则是民主党的主要票仓。在长期落败的情况下，民主党迫切希望能够改变这一现象，也就更希望能够争取日渐强大的劳工力量。因此，他们逐渐把目光转向处于社会底层的工人阶级。所以，在罗斯福的竞选纲领以及新政中，不仅存在着不同于共和党的经济政策，也包含有满足工人阶级诉求的相关政策。正是在这样的历史背景下，新政得以出台，并将失业工人重新纳入生产体系，在法律上承认了工会的合法性。

为了解决失业问题，罗斯福总统在上任之后就设立了联邦紧急救济管理局（Federal Emergency Relief Administration），以 5 亿美元为启动基金给迫切需要帮助的失业工人提供紧急救济。[①] 同时，联邦政府设立了民政工

---

① United States History, "Federal Emergency Relief Administration", http：//www.u-s-history.com/pages/h1598.html, March 28th, 2017.

程署（Civil Works Administration），为非熟练工人提供小型公共项目的工作机会。截至1934年1月，该项目已经为420万名工人提供了就业机会。① 此外，政府还设立了民间资源保护队（Civilian Conservation Corps）、田纳西河谷管理局（Tennessee Valley Authority）和公共事业振兴署（Works Progress Administration）等项目。其中，"民间资源保护队"项目主要是通过招募失业的年轻人（后来还包括退伍军人）加入民间资源保护队，种植树木，保护国家自然资源。田纳西河谷管理局则是由政府出资在田纳西流域创建一系列防洪工程，也为失业工人提供了大量的就业机会。公共事业振兴署则招募失业工人帮助政府建筑一系列公共工程，并为艺术家、剧场工人及作家提供机会。在最初的5年里，公共事业振兴署雇用了约800万名工人。② 通过这些项目，美国的失业状况有了好转，工人对社会的不满与愤恨也有所缓和。所以，与大萧条时期相比，失业工人的示威游行相对减少，而在业工人的数量则有所增加。这就为1933—1934年工人的罢工运动提供了一定的人员基础。

此外，《国家工业复兴法》直接促进了1933—1934年工人运动的迅速发展。该法的首要目的在于恢复工业发展，要求参与各州之间贸易的企业共同制定行业标准来促进公平竞争。该法要求，行业标准中需要规定本行业的工资与产品价格，设定产量配额。其第7（a）条款还规定，由总统批准的行业标准中必须包含如下内容：

"（1）工人拥有自选代表进行组织和集体议价的权利；工人在指定代表，自行建立组织或以集体议价、互相帮助与保护为目的的其他行为的过程中，不应受雇主或经理人的干涉、限制和强迫；（2）雇主在雇用时不得附加条件，要求雇员或求职者加入公司工会，或禁止他们加入、组织与帮助其所选择的工会组织；（3）雇主应该遵守总统所批准或规定的最高工时、最低工资及其他雇用条件。"③

---

① The Schiller Institute, "The Civil Works Administration", November 2010, http：//www. schillerinstitute. org/educ/hist/eiw_ this_ week/v1n35_ nov7_ 1933. html, March 28th, 2017.

② Robert Sherwood, *Roosevelt and Hopkins：An Intimate History*, New York：Harper & Brothers, 1948, p. 52.

③ National Industrial Recovery Act, Washington D. C. ：Government Printing Office, June 1933. https：//archive. org/stream/nationalindustri00unit/nationalindustri00unit_ djvu. txt, April 3rd, 2017.

该条款意在通过规范工人的工资水平,提高工人的购买力,帮助恢复美国的经济活力。不管主观目的是什么,它在客观上承认了工人加入工会的权利,肯定他们能够通过工人组织的代表进行集体议价,以捍卫自己的权益。该法否定了"黄狗协议"对工人的约束力,为工人组织的成立和发展提供了有利的制度环境,鼓励了工人加入工会的积极性。遗憾的是,它并没有设立一个专门的权威机构来保障这条法规得到实施。这就使反对该条款的资本家有了可乘之机。他们采取各种方式阻止工人加入工会,例如要求工人加入公司工会[①]或否定工人工会,拒绝给予工人集体议价的权利。因此,在1933—1934年的罢工斗争中,有很大一部分是工人为了迫使资本方承认工会的合法性而展开的。

二 工会力量的复苏

工会力量的复苏也为1933—1934年美国工人运动的发展提供了重要的组织条件。不论在范围还是程度上,1933—1934年的工会增长规模在当时可谓史无前例——它超过了1885—1886年劳动骑士团力量增长的规模,以及1897—1904年和1916—1920年美国劳联扩大的规模。美国工会会员数从1933年的297.3万人增加到1934年的360.8万人。[②] "仅这两年,在那些自1923年起工会就开始衰落的地方,工会力量几乎都恢复了。"[③] 这些工会中既有劳联工会,也有共产党工会团结同盟的工会,还有独立工会。在约四分之一的劳联工会中,会员人数增长了一倍。[④]

工会力量的复苏有两方面的原因。

一方面,工会运动的发展得益于工会主义者和左派人士的积极领导。在《国家工业复兴法》通过的第6天,劳联的组织者已经在历来反对工会的肯塔基地区建立起9个地方工会。[⑤] 工会组织者抓住第7(a)条款所带来的机遇,不遗余力地建设工会。其中,矿工联合会、成衣及纺织工人

[①] 公司工会(company union)是资本家为了防止工人自行组织工会而设立的,并不代表工人利益。在本文中,若无特别说明,"工会"均指工人自行组织的工会。

[②] 陆镜生、张友伦:《美国工人运动史》,第643页。

[③] Milton Derber, "Growth and expansion" in Milton Derber & Edwin Young eds., *Labor and the New Deal*, Madison: The University of Wisconsin Press, 1957, p.8.

[④] 陆镜生、张友伦:《美国工人运动史》,第643页。

[⑤] Irving Bernstein, *The Turbulent Years: A History of the American Worker* 1933-1941, Illinois: Haymarket Books, 2010, p.37.

混合工会（Amalgamated Clothing and Textile Workers）以及妇女服装工人国际联合会（International Ladies' Garment Workers' Union）的规模扩大最为明显。这些工会通过动员罢工和开展招募活动的方式吸纳会员，取得显著成果：1932 年，矿工联合会在西弗吉尼亚州只有 6000 名会员，到 1936 年，已经拥有 650 个地方工会和 105000 名会员，而在全国范围内，其会员数从 1933 年的 297769 人增长到 1934 年 7 月的 528685 人；① 1929 年，成衣及纺织工人混合工会的会员数从 1920 年的 177000 人下降到 110000 人，接着该工会又在大萧条中损失了 50000 多名会员，但在 1933 年之后，工会采取一系列措施吸纳新成员，使会员数在 1933 年达到了 125000 人；② 大萧条之前，妇女服装工人国际联合会的境况极为惨淡——会员数从 1920 年巅峰时期的 105000 人减少到 1933 年上半年的 40000 人，③ 但在 1933 年 8 月 14 日工会要求纽约大衣制造业重新修改行业标准的罢工成功之后，工会的成员数量迅速增长，到 1934 年春时已经达到 200000 人，比 1933 年年初多了近 160000 人。④

同时，尽管与劳联相比，共产党的力量还十分弱小；与劳联工会相比，共产党所领导的工会的力量也是薄弱的，难以对资本方构成实质上的威胁；但共产党的规模在 1932 年之后也有所扩大。1932 年的总统选举之后，共产党的党员数量从 1931 年的不足 10000 人增加到 18119 人，到 1934 年则增长到 26000 人。⑤ 共产党此时仍然坚持"第三时期"路线方针，在工会团结同盟的带领下组织自己的工会。由于组织规模有限，共产党的工会组织在地域和产业上都比较集中。它们多集中在加利福尼亚和芝加哥等共产党力量较为强大的地区，以农业和矿业为主。此外，还有些既不附属于劳联也不接受共产党指导的独立工会，例如墨西哥工人互助协会

---

① Milton Derber, "Growth and expansion", p. 8.
② Irving Bernstein, *The Turbulent Years: A History of the American Worker*, 1933 – 1941, pp. 72, 77.
③ Irving Bernstein, *The Turbulent Years: A History of the American Worker* 1933 – 1941, Illinois: Haymarket Books, 2010, p. 84.
④ Milton Derber, "Growth and expansion", p. 9.
⑤ Harvey Klehr, *The Heyday of American Communism: The Depression Decade*, p. 91. 实际上，共产党招募到的党员要远大于党员的实际增长数。例如，从 1930 年到 1934 年 3 月，约有 50000 人入党，但因退党人数也有 33000 余人，因此实际只增加了近 17000 千人。参见 Harvey Klehr, *The Heyday of American Communism: The Depression Decade*, p. 366.

(Mexican Mutual Aid Association)、墨西哥裔帮工协会（Asociacion de Jornaleros）、圣路易斯坚果采摘者工会（The Nutpickers' Union in St. Louis）等。

另一方面，工人自身的积极性是这一时期工会力量得以发展的重要原因。20世纪20年代，美国几乎是个"开放工厂"的社会，工人运动受到压制。在这种情况下，工人很难通过合法渠道来缓解自己的愤懑与不满情绪，也就积攒了许多压力。经济繁荣的时候，他们尚能忍受这样的情况。但经济危机所带来的沉重打击加剧了工人的痛苦，他们不仅要在恶劣的经济环境中用低廉的工资养活家人，还不得不忍受资本家的进一步盘剥。大萧条时期，虽然工人的心中有所不满，却囿于工人组织的无力和法律对工会的不予承认，难以通过罢工来维护自己的权益。新政之后，《国家工业复兴法》第7（a）条款的出现给工人打开了舒缓压力的大门，使那些长期受到公司方压迫、渴望获得自己组织的工人们"数以千计地涌向了工会"[1]。除了加入现有的工会组织之外，工人还自发建立起工会。例如，底特律的部分技术工人——主要是由制造汽车工具的匠人组成的，包括切割机模制造工人、压模机制造工人、研磨机制造工人等——在1933年成立了美国机械工人教育协会（Mechanics Educational Society of America）。该协会以社会主义者马修·史密斯（Matthew Smith）为领袖，在1933年9月发起了争取涨薪的罢工运动。到1934年，协会已经招募了34000名会员。[2]

就连工资条件较为良好的工人也开始积极加入工会。以石油行业为例。和其他行业的工人相比，石油工人（特别是那些大型石油公司的雇员）的工作比较稳定，工资也较其他制造业工人高。不少石油公司还为工人提供了养老金、疾病补贴、医疗保障、意外保险、带薪假期等福利。即便如此，石油工人加入工会的热情依旧高涨。1933年，美国石油协会（American Petroleum Institute）在行业准则里删除第7（a）条款，这一行为引起了石油工人的不满。加利福尼亚州油田工人、气井工人和炼油工人工会（Oil Field, Gas Well and Refinery Workers Union）[3]派遣代表团前往

---

[1] Irving Bernstein, *The Turbulent Years: A History of the American Worker*, 1933-1941, p.37.
[2] John Newsinger, *Fighting Back: The American Working Class in the 1930s*, p.144.
[3] 虽然劳联在1918年就为油田工人、气井工人和炼油工人工会颁发了执照，但该工会力量较强的地区也只是在加州。20世纪20年代经济的大繁荣几乎摧毁了这一工会的力量，到1933年，油田工人、气井工人和炼油工人工会的会员仅剩300人。参见Irving Bernstein, *The Turbulent Years: A History of the American Worker*, 1933-1941, p.110.

华盛顿表示反对,并成功地让资本方把第 7(a)条款写入行业准则,同时保证了每周 36 小时的工作时间,把时薪从 45 美分增加到了 52 美分。这一成功极大地鼓励了石油行业的工会发展。从 1933 年 6 月到 1934 年,该工会已经新建了 125 个地方分会,遍布全国各大石油中心。[①]

总之,工会组织者和左派人士的组织作用以及工人本身对加入工人组织所表现出来的积极性共同促进了这一时期工人组织的力量发展,为 1933—1934 年工人运动转折点的出现创造了有利的组织基础。

但是,资本家并不认可工人组织工会的权利,也不愿意承认工人工会。他们联合起来,反对工人组织。其中,全国制造商协会(National Association of Manufacturers)用自己的方式解读第 7(a)条款,认为公司既可以选择与个体工人协商议价,也可以选择与集体进行谈判,并有权拒绝和工人组织进行协商。其他的企业家组织也追随全国制造商协会的方针,阻止工人工会的兴起。例如,全国金属行业协会(National Metal Trade Association)则直接向其会员贴出公告,表示金属业属于开放工厂,绝不会因为《国家工业复兴法》的通过就改变政策。而在钢铁行业,美国钢铁公司(United States Steel Corporation)主管产业关系的副总裁阿瑟·杨(Arthur H. Young)推动了基础钢铁行业中的公司工会运动。1932 年,钢铁行业只有 7 个公司工会,到 1934 年至少已有 93 个公司工会。[②] 此后,其他行业的公司也纷纷效仿这一做法。全美工业会议理事会(National Industrial Conference Board)的一份报告显示,自 1933 年 6 月到 11 月,美国制造业和矿业领域的 623 个工厂里已有 400 个工厂推行了公司工会的计划;而在劳工统计局调查的 593 个公司工会中,有 378 个工会是在《国家工业复兴法》通过之后成立的。[③]

至此,工人和资本方已经逐渐形成了两个互相对立的群体。工人希望能够成立工会参与集体议价,进而参与到工业生产过程中与薪资、工时、工作条件等相关的决策中去。但资本方对此依旧持反对态度,他们成立了公司工会来与工人工会竞争,并联合起来成立各种行业协会或企业家组织

---

① Irving Bernstein, *The Turbulent Years: A History of the American Worker*, 1933 – 1941, p. 111.
② Irving Bernstein, *The Turbulent Years: A History of the American Worker*, 1933 – 1941, p. 93.
③ Irving Bernstein, *The Turbulent Years: A History of the American Worker*, 1933 – 1941, pp. 39 – 40.

来反对工人工会。在这个过程中，二者之间的对立冲突愈加明显，直接导致了1933—1934年美国工人罢工潮的出现。

三 罢工潮的出现

1933—1934年，罢工似乎成了一种"潮流"。[①] 其中，1933年发生了1695次停工事件，约有117万名工人参与其中；1934年发生了1856起停工事件，参与的工人数约达147万人。[②] 1933年和1934年，参与罢工的工人数分别占工人总数的40.7%和51.5%。[③] 除了罢工次数增加、人数增多，这一时期的罢工斗争中有不少是为了争取组织或加入工会的权利的。1932年，仅有19%的罢工以要求雇主承认工会为目的。但到1933年，该比例增至31.9%；到了1934年，这一比例更是增加到了45.9%。[④] 此外的大部分罢工斗争都是为了工资、工时和工作条件等具体要求。当然，还有不少罢工运动的目的既在于提高工资，又在于要求雇主承认工会。

该时期的罢工运动具有数量多、范围广和规模较大的特点。其中，规模较大并且比较激烈的罢工斗争多发生在工人受压迫严重、工会组织不被承认的行业领域中。参与斗争的工人不仅来自工业领域，也包括农场工人。只不过，鉴于农场主的力量过强，农业工人的组织又相对较弱，农业工人的罢工斗争多是不成功的。

（一）农业工人的罢工斗争

到1933年，美国农业的许多领域已经从家庭农场迅速走向了工业化农场。[⑤] 越来越多的农场采用机械生产和专业管理方法，雇用了不少农业工人。与工业生产领域相比，20世纪30年代的农业劳动力虽然仅占美国劳动力总数的21.2%，但其中有41.5%是农场上的体力劳动者和监督人员。[⑥] 大萧条对农业的打击比工业领域更加严重，使得农业工人的状况比

[①] Irving Bernstein, *The Turbulent Years: A History of the American Worker, 1933–1941*, p. 316.
[②] 陆镜生、张友伦：《美国工人运动史》，天津人民出版社1993年版，第646页。
[③] R. W. Fleming, "The Significance of the Wagner Act", in Milton Derber and Edwin Young eds., *Labor and the New Deal*, Madison: The University of Wisconsin Press, 1957, p. 131.
[④] R. W. Fleming, "The Significance of the Wagner Act", p. 131.
[⑤] Irving Bernstein, *The Turbulent Years: A History of the American Worker, 1933–1941*, p. 142.
[⑥] 斯坦利·L. 恩格尔曼、罗伯特·E. 高尔曼主编：《剑桥美国经济史（第三卷）：20世纪》，第408页。

工厂工人更为凄惨,其中,采收工人的境况最为窘迫。这些采收工人主要是少数族裔的廉价劳动力,包括黑人和来自中国、日本、墨西哥、菲律宾、印度及亚美尼亚的劳工。由于新政各项法案的主要目的在于恢复工业生产,《农业调整法》的关注对象也只是农场主,因此农场工人的状况并没有随着新政的出台得到较大的改善。于是,在《国家工业复兴法》第7(a)条款的刺激下,农场工人也开始了争取自身权益的斗争。

1933—1934年,共产党发起了99次农业工人的罢工,参与工人数达到87364人;其中,发生在加利福尼亚的罢工有49起,参与工人数达67887人。[①] 可以说,这一时期的农业罢工主要集中在加利福尼亚州。这与当时农业工人的组织情况有重要关系。当时在农业领域内既有独立的工会或互助会组织,如墨西哥工人互助协会和墨西哥裔帮工协会,也有依附于劳联和共产党工会团结同盟的工会组织。但是,除了附属于劳联的羊毛修剪工人工会(Sheep Shearers Union)发展相对较好之外,其他农业工会都不算成功。[②] 劳联并不重视农业工人的组织工作,没有为农业领域的非熟练工人专门设立国际工会或全国性工会,因此在农业领域的劳联地方工会或者从属于某个手工业工会,或者作为联邦工会存在,都不能持久。

共产党在加利福尼亚所组织的工人运动主要是在罐头厂和农业工人工会(Cannery & Agricultural Workers Union)的领导下进行的。共产党的策略是团结一切可以团结的工人,包括在业工人、失业工人、白人工人、黑人工人和移民工人等。同时,共产党所领导的工会对农业工人的罢工有一套详细的战略和战术,包括罢工之前应该先对产业状况做好充分的了解,决定开始罢工的时机以及动员所有的妇女、年轻人,甚至是孩子参与罢工等。在这一政策的指导下,共产党人领导加州农业工人发起了几次引人注目的大规模罢工。有时候,罐头厂和农业工人工会直接领导工人进行罢工,有时则"接管"即将失败的罢工。例如,1933年6月,该工会带领着圣克拉拉800至900名樱桃采摘工人发动了一场要求涨薪的罢工运动;而在洛杉矶市,当墨西哥裔浆果采摘工人的罢工运动开始衰弱时,罐头厂和农业工人工会介入其中,组织墨西哥和菲律宾裔的洋葱和芹菜种植工人

---

① Irving Bernstein, *The Turbulent Years: A History of the American Worker*, 1933–1941, p. 142.
② Irving Bernstein, *The Turbulent Years: A History of the American Worker*, 1933–1941, p. 148.

一起进行大规模的罢工。其中，1933年10月的棉花采摘工人大罢工和1933年年底至1934年年初的帝王谷（Imperial Valley）工人罢工都引起了地方和联邦政府的关注。

1933年10月正是秋收季节，共产党决定通过组织一次大罢工来打击当时加利福尼亚最重要的农作物——棉花——的种植主。大部分的采摘工人都是墨西哥裔工人，还有少数黑人工人，他们的工资都极其低下。对于这次罢工，共产党已经打好了组织基础：罐头厂和农业工人工会在棉花种植区建立了19个地方分会，其中有许多会员都有过罢工的经验，对工会比较忠诚；同时，工会的领导人精通多种语言，因此，语言并不构成组织的障碍。最初，罐头厂和农业工人工会召开了代表大会，要求种植园主满足工人的要求，包括把薪资涨到1美元每100个重量单位，从工会中雇用工人以及不得歧视参与罢工工人等。种植园主只同意涨薪到60美分。于是，工会在10月2日开始罢工。罢工的范围相当广，涵盖了两千多个农场，参与人数约有1.2万人。但是种植园主也开始团结起来反对工人的罢工，他们在报纸上诋毁共产党人，同时用60美分的薪资分化罢工工人。此外，他们还用武力镇压罢工工人，造成1人死亡。为了结束此次罢工，加州政府和联邦政府介入调停，最后在罢工工人急于重返工作岗位，联邦政府威胁取消救济金的情况下，工会接受了种植园主的协议——涨薪到80美分并承认工会，于10月26日叫停了罢工。

帝王谷的罢工发生在棉花采摘工人罢工之后，是在工会组织者的宣传下发生的。罢工起初是由墨西哥农田工人工会组织的。当工人的要求未能得到满足时，共产党的罐头厂和农业工人工会介入其中，于1934年1月8日发起了罢工。但是，这次罢工受到种植农场主的强力抵抗。当地的警察利用催泪瓦斯弹袭击工会成员，至少逮捕了87名罢工工人。虽然联邦政府努力调停，并暗地里派人前往帝王谷调查，希望改善农业工人的境况，这些努力都以失败告终。共产党所组织的这些罢工促使控制加州农业的那些工业利益集团成立了一个反对工会的组织——农场主协会（Associated Farmers of California），通过公开诋毁和提出法律诉讼的方式来反对农业工会的发展。农场主协会不仅推动反罢工法案的通过，还说服当地政府逮捕工会领袖。在农场主协会和政府的联合打压下，罐头厂和农业工人工会的力量越来越薄弱。1935年，随着共产党改变了"第三时期"双重工会主义①的政策，转向从劳联工会内部发展共产党的力量，农业工人不再成为共产党的组织重心。相应地，农业工会的力量就此衰落下去，而农业工人的状况却并未得到多大改善。

与加利福尼亚相比，其他地区的农场工人罢工运动较为分散，规模也小；罢工目的以加薪为主。例如，1933年9月7日至8日，马萨诸塞州的蔓越莓采摘工人发起了要求加薪的罢工运动，虽然过程相当激烈，结果却以失败告终。1933年7月，康涅狄格州的烟草种植工人也爆发了要求涨薪的罢工运动，最后在一位牧师的帮助下与农场主达成了协议。单纯以加薪为目的的罢工运动大部分是由小范围的农场工人自发进行的，而在工会领导下的罢工运动通常还要求雇主承认工会。这部分的罢工斗争包括1933年夏佛罗里达农场工人在独立工会柑橘工人联合会（United Cirtrus Workers）的领导下发起的罢工和1934年4月共产党下属的新泽西农业和罐头厂工人工会的罢工等。

综合来看，1933—1934年农业工人的斗争力量是薄弱、分散的。虽然存在少数劳联的地方工会，少数族裔的独立工会以及共产党领导的工会，但农业工人并未形成一个全国范围内的工会组织。这使得他们的斗争往往都是针对某个农场主或某个地区的某一种植业。农业工人的首要目的在于工资的提高，当他们针对某个农场主进行以涨薪为目的的罢工斗争时，农场主通常能够在一定的范围内满足这些要求。然而，一旦涉及承认工会或超出农场主接受范围之外的涨薪要求时，罢工往往会遭到农场主的强力镇压。这体现了农场主作为资本家的逐利本质，他们不愿意让工会参与生产领域的决策。共产党领导的工会对这一时期农业工人的斗争发挥了最重要的领导作用，他们团结不同领域、不同族裔和不同技术水平的农业工人，使农业工人凝聚成一股反对农场主的斗争力量。但是，他们的斗争在客观上也促使农场主联合在一起共同反对农业工人工会。农业工人和农

---

① 双重工会主义是指在现有工会中发展工会或政治组织，或在已经存在工会的领域内发展出一个平行的工会。这是美国共产党常用的一种组织策略。在"红色恐怖"时期，由于无法公开招募党员，美国共产党就在劳联内部发展"工会教育同盟"，希望从劳联内部发展属于共产党的工会。1929—1935年，美国共产党抛弃了从劳联内部发展共产党员的策略，在已经存在劳联工会的领域内建立起自己的工会团结同盟工会。不过，在1935年之后，美国共产党抛弃了这一策略，又重新回归劳联和产联工会内部进行工人的教育工作。

场主这两大斗争力量的形成使得冲突更加不可避免。

从结果上来看,这一时期农业工人的斗争是失败的,农业工会的力量虽有所发展,却又很快走向了衰落,农业工人的生活状况也并未得到实质上的改善。这种失败是由多方面的因素构成的。首先,美国的农业从20世纪20年代末就已经开始衰退,虽然新政采取了一定的措施来恢复经济,但成效并不明显,且受益者更多的是农场主而非农业工人。因此,农业工人依旧处于十分不利的经济地位,这既使他们产生了斗争的动机,又决定了其斗争的首要目的在于改变自己的经济现状而不是其在生产关系中的地位。农业工人参与罢工斗争,在根本上是为了使自己能够参与到同工业生产相关的决策中去。其次,农业工人运动的领导力量过于分散,不利于工人运动的成功。与工业工人相比,农业工人在地域上本身就比较分散,组织程度较低。虽然当时有一些以族裔为基础建立起来的农业工人组织,但力量都较弱小。劳联对农业工人的组织问题并不重视,而共产党虽然领导农业工人发起过影响较大的罢工运动,却因政策缺乏连贯性致使农业工人运动最终走向衰弱。随着美国共产党在1935年后改变"双重工会主义"的政策,重新与劳联合作,他们便逐渐放弃了原本组织起来的农业工会,致使农业工人再次陷入了无组织状态。再次,农场主对工会的竭力压制以及政府对共产主义的敌视给共产党所领导的农业工人罢工斗争造成了极大的困难。延续20世纪20年代的思维,政府甚至公众对共产主义仍然是敌视和害怕的,而农场主从根本上否定工人拥有通过谈判来决定工资、工时等事宜的权利。这些根深蒂固的观念使他们并不认可农业工人发起的罢工斗争,也就更倾向于采取暴力手段加以镇压。

(二)非农业工人的斗争

非农业工人的斗争则呈现出另一番景象,以制造业工人的抗争最为激烈。1933—1934年,工业领域爆发了巨大的罢工浪潮。其中,影响最为深远、最受全国瞩目的要数1934年的四次大罢工,即托莱多汽车零件工人大罢工(The Toledo Auto-Lite Strike)、明尼阿波利斯卡车司机大罢工(The Minneapolis Teamsters Strike)、太平洋沿岸海运工人大罢工(West Coast Longshoremen's Strike)和纺织工人大罢工(Textile Workers Strike)。

与大萧条时期分散、小规模的罢工斗争有所不同,虽然这四次大罢工最初只是针对某个工厂或公司,但最终都波及了整座城市,甚至是临近的几个城市或整个产业。例如,托莱多汽车零件工人罢工最初发生在1934

年2月23日，主要是针对托莱多市最重要的一个汽车零件公司——奥特莱特公司（Auto-Lite），但后来获得了几乎整座城市的工人的响应，成为波及整个托莱多市的大罢工，直到6月2日罢工才正式结束。太平洋沿岸海运工人的罢工斗争持续时间长达83天，遍布了包括奥克兰、旧金山、西雅图、波特兰等在内的太平洋沿岸的港口城市，参与斗争的工人不仅有码头工人还有水手工会的工人们。而1934年的纺织工人大罢工则是"当时美国历史上规模最大的一次罢工"[1]，也是迄今为止美国历史上的第二大罢工。全国范围内近四十万名工人参与到这一运动中，罢工运动的范围更是从亚拉巴马州跨越到了缅因州。

这四次大罢工基本都是为了迫使资本家承认工会。鉴于在汽车制造业、卡车行业和纺织业中，资本方一直占据优势，拒绝给予工人加入工会的权利，工会的力量本身就十分薄弱，因此这些运动都在很大程度上遭到了资本方的镇压。即使如此，工人在斗争的过程中还是表现出了极大的战斗性和坚定性。资本方的暴力镇压和工人阶级的顽强抵抗使得这些罢工往往持续较长时间，演变成暴力冲突，并造成一定伤亡，最终不得不由联邦层面介入调节。不过，在运动的组织者和工人的不懈努力之下，大部分的罢工斗争都取得了一定的成功。

托莱多汽车零件工人罢工发生在俄亥俄州，最初是由附属于劳联的联邦工会[2] 18384号发起的。虽然大部分的联邦工会是以单个工厂为组织单位，但在托莱多，该工会几乎把整个城市的工人都团结了起来。罢工最初开始于1934年2月23日，目的在于让雇佣方提高工资，承认工会。公司起初同意提高5%的工资，并承诺就是否承认工会的问题展开协商。但后来又撤回承诺，另聘工人破坏罢工，并威胁加入工会的工人。于是，

---

[1] Vincent J. Roscigno & William F. Danaher, *The Voice of Southern Labor: Radio, Music and Textile Strikes*, 1929 – 1934, p.105.

[2] 指的是直接附属于劳联中央委员会而不属于任何国际工会或全国性工会的工会组织。在资本主义发展初期，一个工厂的工人往往都是具备同种技艺的工人（例如制袜工人），这些工人由于地域上的集合形成一个工会。当这个工会附属于劳联时，往往是附属于劳联下属的该行业的国际工会和全国性工会。然而，随着机械化和产业化程度的提高，在一些行业中，例如汽车和钢铁业，一个工厂的工人往往不仅仅包括一个工种或技艺类型的工人，而是多种工人的混合——既有对技术要求较高的模具制造工人或机械维修工人，也有对技术要求较低的机器操作工人。劳联过去并没有建立起这类行业的国际工会或全国性工会，因此在招募这些产业的工人时，劳联组织者往往把他们组织到直接从属于劳联中央委员会的联邦工会中去。也因如此，这些联邦工会的力量十分分散，很难联合起来对抗占据垄断地位的大企业和大集团。

18384号工会于4月12日再次发起罢工。此次罢工斗争的过程十分激烈，警察们动用催泪瓦斯击退罢工者，罢工者则把罢工破坏者关在工厂里，并在夜里用投石机"炮击"工厂。随后，政府动用1300名国民警卫队队员进行干预。在警察和警卫队使用暴力，并杀死了两位罢工者的情况下，工人们仍然坚持罢工。迫于工人罢工所带来的经济压力，莱特汽车公司决定关闭工厂。在劳工部派人前来调停，劳联派遣组织者前来帮助的情况下，莱特公司开始与工人进行谈判，托莱多的秩序也得到恢复。6月2日，18384号工会赢得了莱特汽车公司的认可。虽然公司没有答应罢工者所有的要求，但是这次罢工使得该地区的"开放工厂"永远地成为了历史。

明尼阿波利斯卡车司机罢工的目的在于组织工会力量。当时，受到大萧条的沉重打击，明尼阿波利斯拥有大量的失业工人，在业工人的工资水平也大幅度下降。同时，市民联盟（Citizens' Alliance）[①]对工会极为敌视，坚持要让明尼阿波利斯成为"开放工厂"。受到附近地区罢工胜利的鼓舞，574号分会开始扩大工会力量。工会先在1934年2月7日发起了一次由700多名运煤卡车司机组成的罢工，通过在街头拦截继续运煤的货车并强行卸掉货物等方法打击当地的67个煤场。3天之后，当地的煤场承认了工会。此次罢工的胜利达到了组织者想要的效果，鼓励了几千名卡车司机加入工会。托洛茨基主义者们抓住这一机会，希望能够进一步团结起整个城市的卡车工人及帮工。第二次罢工于5月12日正式开始，要求明尼阿波利斯的所有企业承认卡车司机工会，同时提高工资，缩短工时。这一过程中，罢工工人面对着市民联盟的强力打击，在警察与国民警卫队队员的武力攻击下，仍然团结一致，坚持罢工。直到8月22日，在罗斯福要求银行向市民联盟施压的情况下，574号工会获得了资本方的认可。

太平洋沿岸海运工人的罢工最初是由旧金山的码头工人国际工会（International Longshoremen's Association）发起的。1933年9月，由于旧金山美森轮船有限公司（Matson）开除了4名码头工人国际工会的会员，工会中的激进分子发起了一次罢工，迫使公司方让步。旧金山劳工委员会要求美森轮船公司重新雇用被开除的工人，并保证不再歧视码头工人国际工会成员。但是，雇佣方仍然拒绝承认码头工人国际工会。于是，码头工人

[①] 市民联盟是美国最强大、最残酷的反工会组织之一，截至1934年，已经有800个公司附属于市民联盟。它有着强大的信息网、间谍网、工会工人黑名单和大量的罢工运动破坏者。

决定再次罢工，要求雇主承认工人工会，提高薪资，通过工会职业介绍所来雇用工人。大罢工涉及了众多港口城市。1934年5月9日，工人们分别在贝灵汉姆、西雅图、塔科马、亚伯丁、圣佩德罗、波特兰、旧金山、奥克兰、圣地亚哥等港口发起罢工，参与人数约有一万两千名。[①] 在罢工过程中，工人与警察展开了激烈的斗争。美国产业协会聘请新的卡车工人，在警察的保护下，让他们继续运送货物；警察更是使用棍棒和催泪瓦斯对付罢工工人。到了7月5日，约有两万名罢工者聚集在旧金山码头阻止运货卡车继续运货，却遭到警察和雇佣方的武力攻击。这一天也被称为"血腥星期四"，2名罢工者被杀，109名工人受伤，其中2人因伤去世。其他城市的罢工运动中也发生了流血事件。为了抗议警察的暴行，旧金山工人举行了总罢工，约有十二万七千名工人参与其中。[②] 僵持的局面使加州州长不得不派出国民警卫队，叫停双方的斗争。最后，雇佣方终于让步，提出了为工人所接受的协议，劳联在旧金山的中央工会于7月20日叫停了这次总罢工。雇佣方同意让旧金山码头工人每周工作6天，同时以平时薪资水平的一半来支付加班费。职业介绍所将由工会和雇佣方共同控制，但由工会任命工作调度员。至此，码头工人的罢工取得了胜利。

和同年的其他三次大罢工不同，纺织工人大罢工虽然规模宏大，却是一次大溃败。这次罢工的原因在于，工人希望能够通过加入工会与工厂方进行集体谈判，从而废除在南方棉纺织业中普遍存在的"延展政策"（Stretch-out）[③]。罢工运动是在工人群众的大力推动下，由劳联的纺织工人联合会来指导进行的。斗争开始于南方的棉纺织工厂。1934年7月，亚拉巴马州约有两万名工人罢工，之后南卡罗来纳州约三千名工人开始罢工，北卡罗来纳州约有一千名工人罢工，佐治亚州约有两千两百名工人罢工。直到8月，事实上已有75%的工人参与到罢工之中了。[④] 8月14日，纺织工人联合会决定在9月1日（美国的劳动节）正式开始棉纺织工人

---

① John Newsinger, *Fighting Back: The American Working Class in the 1930s*, p. 97.
② 陆镜生、张友伦：《美国工人运动史》，第648页。
③ "延展政策"是指纺织业的工厂主们在工资不变的情况下增加工人的单位时间工作量来增加利润。
④ Janet Irons, "The Challenge of National Coordination: Southern Textile Workers and the General Textile Strike of 1934", p. 86.

的总罢工。当天，大约有五千名工人在加斯托尼亚进行和平的罢工游行，北卡罗来纳州约有六万五千名纺织工人拒绝上班。在劳动节之后的第一个工作日，佐治亚州、南卡罗来纳州、田纳西州、弗吉尼亚州、宾夕法尼亚州、罗德岛、马萨诸塞州、新罕布什尔州和缅因州的纺织工人都加入到罢工队伍中去。此外，新泽西的纺织工人也发起罢工，新贝德福德的纺织工厂几乎全都关闭。罢工的规模迅速扩大，仅在几天之内，参与罢工的人数已经超过了376000人。在策略上来看，工人仍是以和平的抗议方式为主，但是很快就遭到了资本方不遗余力的打压。工厂主雇用私人警卫殴打罢工者，地方政府更是动用了4000名国民警卫队队员，逮捕拘留罢工者。劳资双方陷入暴力冲突之中。9月6日，在南卡罗来纳州的荷尔帕斯，公司警卫朝70名罢工工人开枪，杀死了7名工人。仅在3周之内，大约有15名罢工者被杀。最终，在资本方与地方政府的联合压制下，纺织工人联合会处于下风。在罗斯福总统的调停下，纺织工人联合会于9月22日宣布结束罢工。尽管罗斯福承诺让雇佣方重新聘用参与罢工的工人，可在罢工结束之后，相关工厂还是进行了大规模裁员，南方有226个纺织厂拒绝接受罢工者回厂工作。

虽然这几次罢工多以附属于劳联的工会为基本单位，但在实际斗争过程中发挥重要作用的通常都是较为激进、有着一定斗争经验的社会主义者、托洛茨基主义者或共产党人。例如，在托莱多汽车零件工人罢工中，当联邦工会18384号发起第二次罢工时，响应的工人其实并不多。这时，工人们寻求美国工人党①的帮助。美国工人党利用失业志愿者的帮助来增强罢工纠察线的力量，同时鼓励工人无视法院禁令继续罢工。罢工队伍日渐壮大，并得到了其他工厂工人的支持。到5月24日，罢工人数已经增加到了10000人。而明尼阿波利斯的罢工则在很大程度上得益于托洛茨基主义同盟的作用。托洛茨基主义同盟是从美国共产党中分裂出的激进主义派。虽然卡车司机工会本来是传统的手工业工会，但是明尼阿波利斯卡车司机工会574号地方分会的领袖与劳联的手工业工会主义者有较大的分歧，思想激进，因此吸引了不少托洛茨基主义者加入。他们凭借丰富的斗

---

① 美国工人党是由社会主义者亚伯拉罕·马斯特（Abraham Muste）组织的，在指导思想上介于改良主义和列宁主义之间的激进政党。详细参考 John Newsinger, *Fighting Back: The American Working Class in the 1930s*, p. 87.

争经验，领导了一场精心策划的罢工运动——这一运动还被认为是"美国工人运动史上组织情况最佳的罢工运动之一"[①]。在罢工过程中，托洛茨基主义者团结了木工、水管工、厨师、招待员等不同行业的工人，希望通过关闭市场区域来获取整个城市对工会的承认。工会建立了自己的医疗中心来照顾伤者，以防止罢工者在医院被警察逮捕；他们采取巡回罢工纠察队的方式进行罢工，同时还建立了自己的货车维修点。

与这些革命的左派人士相比，劳联依旧是保守的。他们倾向于同资本方进行和平谈判，或寄希望于政府的调节作用，不到不得已的情况，不会轻易发动罢工。虽然地方工会的工人急于通过斗争获取资本方对工会的认可，但劳联领导层通常反对这种行为，甚至阻碍工人的罢工。例如，托莱多中央劳工委员会曾决定发起总罢工来对抗当地警方的暴力镇压，并已经得到了当地83个地方工会的支持，却因遭到劳联领导层的反对而没能实施。劳联的保守性在纺织工人大罢工中体现得尤为明显。虽然大罢工是由劳联工会领导的，但事实上它是在工人群众（特别是南方纺织业工人）罢工诉求的推动下，被迫承担起领导者的责任。当时，劳联的领导层更愿意通过与政府合作和与企业方协商的方式解决纺织工人的问题，认为罢工是一种"不负责任"的行为，[②] 纺织工人联合会主席麦克马洪更是要求工会成员"感激政府为工业所做的一切努力"[③]。但工人群众要求罢工的呼声越来越大，这使纺织工人联合会内部的南方工人领袖与全国领袖产生分歧。虽然纺织工人联合会以发起总罢工来威胁雇佣方，却迟迟不采取行动。最终，在各州工人已经自发地发起罢工之后，纺织工人联合会才正式决定进行总罢工。但是，在罗斯福总统介入调停，并得到雇佣方重新聘用罢工工人的口头承诺之后，劳联就停止了罢工，认为工人已经取得了巨大的胜利。但事实上，资本方并没有信守承诺。所以，此次罢工不仅没有为纺织工人们争取到实质的利益，还打击了工人的战斗性与积极性，使他们对工会失去了信心，许多工人开始默默退出工会。到1935年夏天，纺织

---

① John Newsinger, *Fighting Back: The American Working Class in the 1930s*, p. 95.
② Janet Irons, "The Challenge of National Coordination: Southern Textile Workers and the General Textile Strike of 1934", p. 84.
③ Janet Irons, "The Challenge of National Coordination: Southern Textile Workers and the General Textile Strike of 1934", p. 84.

工人联合会的人数从1934年8月时的34万人减少到了7.9万人。① 这次罢工的大溃败还使南方工人难以再次信任工会,在很大程度上导致了1935年之后,产业组织联合会在南方组织工会力量时的失败。

造成纺织业工人大罢工失败的原因是多方面的,但劳联的政策和软弱是造成此次罢工失败的重要原因。全美的棉纺织工厂主联合在一起,游说当地政府动用大规模武力加以镇压,致使这次的纺织业工人大罢工面临着同一时期其他领域、其他地区的罢工斗争中所没有遇到过的困难与压力。而劳联领导层在斗争中凸显出的保守性和脆弱性使他们无法领导工人进行坚决抵抗。同时,纺织工人联合会领导层领导总罢工的首要目标在于实现南北方纺织工人的薪资同步,而不是南方工人所要求的废除延展政策。这种宏观政策与工人地方性问题之间的差异也在一定程度上导致了罢工的失败。② 在具体的策略上,南方工人曾经采取过利用社区影响力来博取公众同情的方法,为罢工赢得了群众支持。但是,劳联领导层要求罢工人员严格遵从指令,放弃这一方法,这也被认为是罢工失败的一个重要原因。

工人组织固然在这几次罢工斗争中发挥了重要的作用,但工人群众斗争的积极性也是不容忽视的。许多情况下,恰恰是工人群众的革命热情推动了罢工运动的发展:当劳联的码头工人国际工会主席反对工人罢工时,工人们不受其控制,投票终止霍尔曼的"保守"领导,转而接受共产党人哈里·布里奇(Harry Bridge)的领导;当码头工人国际工会主席联合纽约的码头工人工会要求旧金山工人停止罢工时,工人们驳回了他的建议;当纺织工人联合会迟迟不肯发动总罢工时,各地的工人掌握了主动权,率先发起了地方性罢工,迫使纺织工人联合会不得不发起总罢工。

工人的斗争积极性不仅表现为他们通常是斗争的发起者和参与者,还表现在他们面对资本方暴力镇压时的不懈反抗和不同行业工人之间的团结互助上。托莱多汽车零件工人罢工的成功很大程度上得到了失业工人的帮助。明尼阿波利斯卡车司机的罢工斗争则不仅得到了许多医生、护士和志愿者的帮助,还在市民联盟给警方派副手进行增援时,得到了建筑业工人的援助。在太平洋沿岸海运工人的大罢工中,共产党领导的海运工人产业

---

① John Newsinger, *Fighting Back: The American Working Class in the 1930s*, p. 103.
② Janet Irons, "The Challenge of National Coordination: Southern Textile Workers and the General Textile Strike of 1934".

工会（Marine Workers Industrial Union）也参与其中；旧金山的水手们不顾水手工会领导层的反对，加入到罢工斗争的队伍中去；同时，码头的货运卡车司机公然反抗领导层要求抵制码头工人罢工的决定，拒绝替雇主在码头运输货物。可以说，如果没有工人群众在斗争中的战斗性和团结，即使得到了工会领袖和左派人士的有效领导，1934年也很难成为20世纪30年代美国工人运动的重要转折。

1934年的罢工潮说明了工会的扩张与工人运动的发展是相辅相成的。1933—1934年，大部分罢工都是为了获得资本方对工会的承认，促进工会力量的发展；同时，也正是工会力量的壮大使得工人运动得到进一步的发展。工会组织者的热情和工人加入工会的激进性共同促进了工会力量的壮大。《国家工业复兴法》通过的第6天，劳联的组织者就已经在历来反对工会的肯塔基地区建立起了9个地方工会。① 1932年，劳联的矿工联合会在西弗吉尼亚州仅有6000名会员，到1936年已经拥有650个地方工会和105000名会员，并且其全国范围内的会员数从1933年的297769人增长到了1934年7月的528685人。② 随着矿工联合会力量的扩大，煤矿工人在1933年9月曾发起了反对美国钢铁公司自销矿山的罢工，迫使美国钢铁协会（American Iron and Steel Institute）同意给予矿工所要求的工资和工作条件，并在法律的范围内"承认"工人工会。此外，工人组织领导工人取得罢工的胜利——特别是得到资本方对工人工会的认可——将进一步促进组织规模的扩大；但斗争的失败以及工人组织在罢工过程中所暴露出的缺点也可能打击工人的信心，从而影响工人组织的进一步扩大。例如，托莱多汽车零件工人罢工的胜利促进了汽车产业工人工会的发展与壮大；共产党人在太平洋沿岸海运工人罢工运动中的卓越领导吸引了更多工人加入党组织，扩大了党的影响力；③ 而纺织工人大罢工的失败和劳联在领导过程中表现出的保守性打击了工人加入工会的信心，使得纺织工人联合会的会员数仅在两年之内就减少了近36万人。

此外，工人阶级自身的斗争意志与工人组织的有效领导是罢工运动取得胜利的两个重要因素。工人组织不仅是工人阶级展开斗争的基本单位，

---

① Irving Bernstein, *The Turbulent Years: A History of the American Worker, 1933–1941*, p. 37.
② Milton Derber, "Growth and expansion", p. 8.
③ John Newsinger, *Fighting Back: The American Working Class in the 1930s*, p. 100.

还是工人发起斗争的领导者和具体斗争过程中的指挥者。在这些罢工运动中，工人阶级自身发挥了重要的作用。作为当时最重要、力量最强大的工人组织，劳联工会也曾积极地领导过工人罢工，只是其过程通常较为平稳、和平，侧重以罢工来要挟相关产业的公司代表同工会就行业准则进行谈判，不到万不得已，不会真正实施罢工。不过，社会主义者、共产党人和托洛茨基主义者等左派人士积极参与到劳联工会中，弥补了劳联领导过于保守的缺陷，用自己的斗争经验帮助工人群众，带领他们走向斗争的胜利。需要指出的是，这一切都离不开罗斯福新政这个社会环境的变化。在新政的作用下，特别是《国家工业复兴法》的颁布，工人们意识到自己可以通过加入工会这个途径来参与到工业领域的决策中去，从而改变自己的经济现状。这不仅激起了工人们加入工会的热情，也燃起了工人领袖组织工会的激情。虽然在地方层面，政府和资本方仍然否定工会的合法性，反对工人参与工业决策；但在联邦层面，政府肯定工人组织和加入工会的权利。因此，在工人与资本方陷入僵局的情况下，联邦政府往往会介入其中进行调查、调停，在一定程度上帮助了工人运动的进一步发展。简而言之，与大萧条时期相比，1933—1934年不管是工人阶级本身，工人组织的情况还是社会制度的条件都促进了工人运动的发展。

四 罢工潮的根源与存在的问题

从表面上来看，在这次罢工潮中，工人的斗争动力来自于《国家工业复兴法》第7（a）条款。它承认了工人组织工会的权利，为工人提供了维护自身权益的合法途径，激发了工人的斗志和工会组织者的热情。但从根本上来说，"罢工是工人们多年来被压抑的痛苦的表达"[1]。即使没有《国家工业复兴法》，美国也必将爆发一次工人运动潮——只是方式和形式可能会有所不同。资本家对美国工人的压迫历来都存在，只不过在经济繁荣表象的掩盖下，工人满足于较为优厚的报酬和较为舒适的生活条件，尚未察觉这种压迫。大萧条为工人揭露了这一事实，却也使他们遭受到更加沉重的打压。在大萧条时期的局部罢工和失业工人示威遭到严厉打压之后，工人奋起反抗已经成了必然的选择。这点，从工人的斗争意志与热情就可以看出。不论是在农业领域还是工业领域，许多罢工是在工人自发的

---

[1] John Newsinger, *Fighting Back: The American Working Class in the* 1930s, p. 89.

组织下发生的，而后才向工会寻求帮助接受工会的领导。有些时候，劳联工会甚至是碍于工人群众的压力才组织罢工的。在斗争的过程中，大部分工人都能够坚定地进行长时间的罢工斗争，在资本家的暴力镇压下也毫不动摇。

新政只是为处于暴乱边缘的工人提供了申诉不满的合法渠道，防止工人用暴力手段来反抗资本家的压迫。新政的出台，特别是新政对工会合法性的承认，使工人们倾向于优先选择加入工会，通过工会代表与资本方谈判的方式来维护自己的权益（包括提高工资、减少工时等）。但是，经济危机不仅给工人带来打击，也严重地打击了资本方。资本家的逐利本质使他们只可能在一定的范围内答应工人的要求。当资本家意识到，工会的力量可能危及他们在生产中的主导与控制地位时，他们也会联合起来对此进行抵制，并用武力来镇压工人运动。这就迫使工人用罢工的手段来争取组织工会的权利。因此，这一罢工潮的目的并不是从根本上结束资本家对工人的压迫与剥削，而主要是为了使资本家承认工人加入工会进行集体谈判的合法权利。换句话说，工人们不过是以罢工为手段来争取进行和平谈判的权利。

正因如此，虽然1933—1934年的罢工潮体现了美国工人的斗争热情与斗志，却依旧存在着一些问题和局限。

一方面，运动的目的决定了美国工人的斗争难以超越资本主义工资体系的范畴，并且容易在斗争过程中依赖政府的调节作用。美国工人罢工的目的在于获得同资本家进行谈判的权利。这就是说，他们的奋斗目标是让《国家工业复兴法》第7（a）条款得到切实施行。《国家工业复兴法》的首要目的在于恢复美国的工业生产，而不是促进工人运动的发展。所以，工人运动的发展和工人权利的扩大不过是资本主义经济复苏的副产物罢了。也因此，工人无法从政府方面得到多少实质性的援助。地方政府通常是与资本家联合在一起，共同镇压工人的罢工运动；联邦政府所能提供的也只是调停和调查。但是，工人们仍把希望寄托在联邦政府身上，寄托于罗斯福总统身上。这在某种程度上也体现了工人的被动与阶级意识的薄弱。只要工人仍囿于工资制度，仍处在资本主义社会的生产关系中，那么他们在经济危机时期就总是处于弱势地位。即使在新政的作用下，经济局势有所改变，这一事实也没有发生改变。工人的罢工并未触及工资制度的根本，局限于在《国家工业复兴法》的规定范围内争取自己的权益，把希望寄托在政府的调停上，使自己处于被动的地位，难以取得彻底的胜利。正如1934年纺织工人大罢工的领导者格曼在回顾这一事件时所谈论的："我们中的许多人并不完全明白政府在劳资双方斗争中的角色……政府保护强者，而非弱者；它在压力下工作，并且将会偏向强大到足以将政府拉向自己那方的力量……现在，我们明白了，依靠政府的力量来保护我们是件多么幼稚的事情。"[1]

另一方面，工人组织——特别是劳联工会——的保守性进一步限制了工人运动所能取得的成就。在斗争的过程中，工人得到了多种组织力量的影响。这其中既包括保守的劳联工会，又有激进、革命的共产党下属工会，同时还包括社会主义者领导的独立工会或受到托洛茨基主义者影响的劳联工会。劳联工会是当时最大的工人组织，其领导层坚持务实、传统的"简单工会主义原则"，侧重于在联邦立法的范围内通过和平的谈判手段来维护工人的权益，绝对不轻易使用激烈的手段来争取工人的权益。这种方法在经济复苏较快、工人力量本身就强大的领域中比较奏效。这是因为，在经济有所复苏同时工会基础比较强大的工业领域中，强大的工会基础有利于他们同资本方的谈判。因此在这些领域中，工会并未遭遇什么抵制。不过，虽然在这些领域中工人比较占据优势，思想上的保守又决定了劳联工会不可能带领工人阶级从根本上破坏资本主义工资制度。他们往往满足于资本方的妥协与承诺，追求劳资双方的和谐关系，而不是改变工人在生产领域中的"从属"地位。

而在新兴的大规模生产部门中，例如汽车工业、钢铁工业以及历来反对工会的农业领域内，工会基础薄弱，资本方的反对力量又极强，工人根本难以通过工会代表参与谈判来维护自身的权益。为了壮大自身的力量，劳联也因此积极地组织工人罢工，吸引工人入会。然而，劳联对行业工会主义的坚持并不利于这些产业中工人的组织，而且由于缺乏力量和斗争意志，他们能给工人的"唯一建议就是信任政府"[2]。共产主义者、社会主义者、托洛茨基主义者等左派人士的存在弥补了劳联工会领导力的不足，为这些领域内的工人运动发挥了重要的指导作用。但是，由于这些左派组

---

[1] Janet Irons, *Testing the New Deal: The General Textile Strike of 1934 in the American South*, Urbana: University of Illinois Press, 2000, p. 163.

[2] John Newsinger, *Fighting Back: The American Working Class in the 1930s*, p. 86.

织的基础薄弱，只有通过加入劳联，以劳联工会为单位和载体进行斗争。他们在罢工胜利之后，又通常会被劳联领导排除在外，从而失去对工会的领导权。因此，在劳联工会占主导的情况下，工人很难超越简单工会主义的斗争理念，进行反对资本主义制度的斗争。

  当我们更加深入地探究罢工潮中所体现出的问题和局限性时，就会发现，这些在根本上都受制于工会的宗旨与性质，以及美国独特的政治制度。作为熟练工人自发形成的工会组织，劳联的首要目的在于保障熟练工人的经济利益。随着工业化的进一步发展，非熟练工人的人数日渐增加。但坚持行业工会主义的劳联很难组织起基础工业部门中的非熟练工人，这对工人运动的进一步发展是不利的，也就限制了工人罢工斗争的激进性。同时，工会不会自发地演变为政治组织。它只是会在必要的时候，依托现有政党的力量来创造有利于工人进行经济斗争的条件。在对政党的选择上，工会是中性的。它既可以与资产阶级政党联合，也可以依靠于无产阶级政党。但是，在美国两党制的制约下，19世纪末才发展起来的社会主义政党很难在全国范围内取得选举的胜利。为了保证自己的诉求可能得到实现，劳联工会也就只可能选择在选举政治中胜算较大、力量较强并且最能够满足自己利益诉求的那个政党。而工人选择在政治上依靠资产阶级政党，就决定了它们的斗争无法超越资本主义秩序的范畴，只能够逐渐地改革资本主义生产中的劳资关系。

  虽然1934年的罢工潮依旧存在局限性，但其力量和影响是不可小觑的。它使美国资产阶级意识到了工人力量的强大，使那些曾经是"开放工厂"的领域出现了工会组织。这些运动也使工人意识到团结的力量，体会到他们需要通过加入工会和参与斗争来捍卫自身权益。因此，在这一罢工浪潮的鼓舞之下，美国工人继续进行着争取工会合法权的斗争。

第二节 工人运动的巅峰时期：1935—1939年

  如果说1933—1934年是20世纪30年代美国工人运动的转折期，那么在1935年之后，特别是在1937年，美国工人运动走向了巅峰。这一时期的工人斗争集中在制造业领域，罢工次数和参与罢工的工人数都得到迅速增长。1935年，罢工次数达到2014次，参与罢工的工人有1117213人，造成15456337个空闲的人工日。① 1937年，美国社会更是出现了1930年年底以来最大的罢工潮，罢工次数高达4650次，参与罢工人数达1875000人。② 与1934年的大罢工不同，1935—1936年的罢工多为分散的小规模罢工，约有一半的罢工参与人数都在75人以下。③ 从罢工的产业分布来看，1935年参与人数最多的罢工发生在采矿业，占罢工总人数的42.9%；其次是纺织业，占罢工总人数的17.9%；再次是服装制造业，占罢工总人数的11.2%。④ 而且，这三个产业的罢工目的都是以工资工时的要求为主。这在很大程度上是因为当时矿工联合会和服装工人工会的力量强大，已经与不少公司或企业签订了协议。而纺织工人则在1934年大罢工余波的影响之下，仍然奋力斗争。但是，进入1937年之后，更多大规模的罢工发生在钢铁、汽车、橡胶等原本工会力量相对薄弱的产业。

从整体来看，工人罢工的目的仍然是以对工资工时的要求和争取资本方对工会的承认为主。1935—1939年，以工资工时要求为目的的罢工占总罢工次数的比例分别为37.9%，35.1%，29.8%，27.9%和26.4%；而要求资本方承认工会的罢工所占比例分别为47.2%，50.4%，57.8%，49.9%和53.4%。⑤ 还有一部分罢工是由于其他原因造成的，例如同情性罢工，因工会内部斗争或派系冲突而产生的罢工，不同工会因管辖权问题而导致的罢工等。但是，因为这些原因发生罢工的比例还是非常小的：例如，在1935年因工会内部斗争而发生的罢工仅占总罢工的0.6%，因管辖权纠纷而发生的罢工仅占1.2%。⑥ 如果从工人罢工目的或要求得到满足的程度来看待工人罢工是否成功的话，应该说1935—1937年工人的罢

---

① United States Department of Labor, *Strikes in the United States*, 1880-1936, Washington: Government Printing Office, 1938, p. 41.
② 陆镜生、张友伦：《美国工人运动史》，第658页。
③ United States Department of Labor, *Strikes in the United States*, 1880-1936, p. 47.
④ 该数据由笔者根据美国劳工部统计数据计算得出，详细参见 United States Department of Labor, *Strikes in the United States*, 1880-1936, pp. 125-160.
⑤ 该数据由笔者根据美国商务部统计数据计算得出，详细参见 Bureau of the Census, *Historical Statistics of the United Sates*, 1789-1945, Washington D. C.: U. S. Government Printing Office, 1949, p. 73.
⑥ United States Department of Labor, *Strikes in the United States*, 1880-1936, p. 62.

工斗争大多都是成功的。在 1935 年，有 44.3% 的罢工获得了巨大的收获，18.7% 得到了妥协，33.4% 失败；而在 1936 年，45.9% 的罢工获得了巨大的收获，23.6% 得到妥协，27.5% 失败了。①

工人运动在这一时期的高涨在很大程度上受到了 1934 年罢工潮的影响。但除此之外，《国家劳动关系法》（National Labor Relations Act）和工人组织的进一步扩大也是工人运动得以延续的关键。

一 《国家劳动关系法》

《国家劳动关系法》也叫《瓦格纳法案》，以其提出者纽约参议员罗伯特·瓦格纳（Robert F. Wagner）命名。该法是美国工人运动史上的重要法案之一，也是 30 年代中后期工人运动蓬勃发展的重要制度因素。它的出台与《国家工业复兴法》有密切的关系。

《国家工业复兴法》的本意在于促进经济的复苏，在实施初期得到了不少企业家的认可。但在具体实施中，资本家逐渐认为，通过规定行业准则来决定行业的工资、工时等标准，违反了市场经济的自由贸易原则。而且，该法的第 7（a）条款激起了工人加入工会的热情，导致罢工运动频频发生，也使资本家心生不满。所以，该法案越来越遭到公司方的反对。在 1935 年 5 月的"谢克特家禽公司诉美国案"（Schechter Poultry Corp. V. United States）中，该法被最高法院判定为违宪。虽如此，罗斯福政府并没有放弃从工人那里获得支持的想法。瓦格纳参议员在 1935 年 2 月就向参议院提出了《国家劳动关系法》，希望能够通过立法，使《国家工业复兴法》中的第 7（a）条款以法律的形式固定下来。

如果说《国家工业复兴法》的目的在于调整劳资双方在集体谈判中失衡的力量对比，那么《国家劳动关系法》则是要求设立全国劳工关系委员会，使之成为劳资双方矛盾的"最高法院"，负责仲裁事宜。该法案重申工会的合法性，并列举了雇主的种种"不当行为"，包括以强迫或恐吓的手段禁止工人加入工会，歧视加入工会的员工，或通过组织公司工会来阻止工人加入独立工会等。同时，该法肯定了工人的罢工权利，规定任何劳工法都不可以干扰、妨碍或减少工人罢工的权利。这一法案得到工会组织的大力支持，同时也遭到全国制造商协会的极力反对。全国制造商协

---

① United States Department of Labor, *Strikes in the United States*, 1880 – 1936, p. 68.

会和工人组织都竭力游说国会议员。最终，该法案在1935年6月获得国会通过，并于7月5日由罗斯福总统签署通过。

但是，资本家不可能轻易地出让自己在生产中的主导和决策地位。即使《国家劳动关系法》已经获得了国会和总统的批准，资本家依旧不愿意承认工会的合法性。他们把希望寄托于最高法院。于是，该法尚未正式生效的这段时间（1935—1937）反而是资产阶级与工人矛盾进一步激化的时期，是工人运动持续高涨的时期。企业方一边等待着法院判定该法违宪，一边又建立起"公司工会"，将其伪装成符合《国家劳动关系法》规定的"独立工会"。他们鼓励工人加入公司工会，以削弱工人工会的力量。同时，虽然《国家劳动关系法》并未正式生效，工人们斗争的激情却早已被点燃。他们热情高涨地加入工会，参与罢工斗争中去。因此，双方的矛盾继续升级，推动了1935年之后工会力量的持续增强和工人运动的新发展。

二 工会力量的持续增强

工人组织力量的持续增长是这一时期工人运动蓬勃发展的组织因素。从数据上看，1935年之后，美国的工会规模一直是在扩大的，直到1956年才第一次出现下滑的趋势。工会力量在1935年年初曾经受到一定程度的削弱，这与纺织工人大罢工的失败和《国家工业复兴法》因违宪而被终止有关。但在1936年之后，工会又重新得到了发展。[1] 1935年，加入工会的工人占非农业劳动力的13.5%，比1934年下降了1.9个百分点；但到了1936年，这个比例上升到了14.2%，并在1937年增长到了18.4%，到1939年该比例已经上升到21.2%。[2] "截至1940年，制造业中约有1/3的工人加入工会"[3]，而且"在重要的行业，例如基础的钢铁、汽车、橡胶生产以及电子机械行业中，这个比例要更高些"[4]。

---

[1] Ahmed White, *The Last Great Strike: Little Steel, the CIO, and the Struggle for Labor Rights in New Deal America*, Oakland: University of California Press, 2016, p. 75.

[2] Barry T. Hirsch & John T. Addison, *The Economic Analysis of Unions: New Approaches and Evidence*, Boston: Allen & Unwin Inc., 1986, p. 46.

[3] Richard C. Wilcock, "Industrial Management's Policies Toward Unionism", in Milton Derber & Edwin Young eds., *Labor and the New Deal*, Madison: The University of Wisconsin Press, 1957, p. 303.

[4] Richard C. Wilcock, "Industrial Management's Policies Toward Unionism", p. 303.

产业工会的迅速发展与壮大是这一时期工会力量发展的重要特点。产业工会的发展是当时经济发展的必然趋势。大规模生产的普及使工人的分工愈加细化。一件产品的生产需要分成许多条流水线，甚至在不同地区的不同工厂进行各项工序的作业和最终组装。随着机械化生产方式的推广，工厂中半熟练技术工人和非熟练工人的数量也日益增加。这时，如果采用产业工会主义的组织原则①，将会扩大工会的规模与影响力。但传统的手工业工会倾向于组织同一个技术工种的工人，排斥半熟练或非熟练工人，这在很大程度上阻碍了工会的进一步发展。虽然劳联逐渐承认产业工会，并把他们列为联邦工会，但这些新成立的联邦工会经常被原有的国际工会和全国工会进行分割管辖，以至于力量受到削弱。况且，这与《国家工业复兴法》和《国家劳动关系法》赋予工人自由选择工会的权利并不相符，引起了基层工人的反感。同时，国际工会和全国工会之间还经常因争夺联邦工会的管辖权而发生矛盾。因此，建立产业工会逐渐成为大势所趋。

与这一现实情况相对应的，劳联领导层就是否组织产业工会的问题发生分歧，分为两派。其中，保守派以传统的行业工会领导为代表（包括木工工会领袖哈奇森、电工工会代表丹尼尔·特雷西、油漆工工会的代表劳伦斯·林德罗夫等），坚持按劳联的传统原则，即"行业工会主义"组织工会。进步派（以矿工联合会主席刘易斯为首）则主张"行业工会无法管辖主要在大规模生产工业领域内工作的工人"②，"劳联的组织政策应该适应现实的需要"③，指出只有产业工会的组织形式才能帮助劳联吸引更多的工人入会。鉴于保守派在1935年的亚特兰大代表大会上获胜，进步派的工会领袖在1935年11月宣布成立产业组织委员会（Committee for Industrial Organization），目的是"在大规模生产领域和尚未建立工人组织的产业领域中鼓励并推动工人组织的建立，使他们加入劳联"④。产业组织委员会最初并不打算成为劳联的"竞争对手"。它不过是劳联内部坚持

---

① 即不考虑技术的娴熟程度和手工艺区别，把同一个工厂或产业中的工人组织在一个工会中。产业工会主义并非在这时候刚刚出现。事实上，劳工骑士团、世界产业工人联盟（Industrial Workers of the World，IWW）都可以算作是产业工会的先驱。只不过在这个时期，产业工会主义日渐成为发展的必然趋势，而不仅仅是进步的工会主义者大力推广的理念。

② Edward Levinson, *Labor on the March*, New York: University Books, 1956, p. 109.

③ Edward Levinson, *Labor on the March*, p. 109.

④ Edward Levinson, *Labor on the March*, p. 119.

产业工会主义的几大工会的联合体，只接受附属于劳联的工会加入其中，目的在于扩大劳联的规模并提高其影响力。但在劳联领导层看来，这是双重工会主义的行为。为此，双方产生了冲突。随着冲突的日益升级，产业组织委员会在1937年5月与劳联正式对立，并在1938年11月召开制宪会议，改名为产业组织联合会（Congress of Industrial Organizations）。为简便明了计，下文中我们统一用"产联"来指代产业组织委员会和产业组织联合会。

产联的出现进一步推动了产业工会的壮大。1935年12月，产联的会员数不到100万人。到1936年7月，产联的会员数已迅速增长到1296500人，到12月增至1460900人。截至1937年9月，产联已有会员3718000人，[1] 1938年时，会员数已达4038000人。[2] 很快，当时主要的大规模生产领域都建立起了产业组织。例如，1936年6月4日，铁、钢和锡业工人联合会加入产联，并接受钢铁工人组织委员会（Steel Workers Organizing Committee）的指导。[3] 1936年7月2日，汽车工人联合会（United Automobile Workers）在团结了汽车制造业中相对分散的一些独立工会之后，决定加入产联，其会员规模从1937年2月的88000人飙涨至10月中旬的400000人。[4] 同年加入产联的还有橡胶工人联合会和平面玻璃工人联合会。

产业工会不仅在数量和规模上大幅度增长，在产业领域上也得以扩张。产联成立初期主要团结的是采矿业、服装业、汽车制造业、橡胶行业和钢铁行业等领域的工人，后来开始向棉纺织业、航运业、羊毛纺织业、电子设备制造业和无线电工业等领域扩张。1937年6月，产联开始向政府雇员敞开大门，组织成立了美国联邦工人联盟（United Federal Workers of America）。该联盟禁止采取罢工或封锁政府部门的做法，目的在于赢得公众对改革的支持。他们组织游说，并对政府的立法官员和行政官员施加压力。7月，产联又成立了美国各州、各郡及市级政府雇员联盟（State, County and Municipal Employees of America）作为政府雇员工会的姐妹组

---

[1] Edward Levinson, *Labor on the March*, p. 236.
[2] Bureau of the Census, *Historical Statistics of the United Sates*, 1789－1945, p. 72.
[3] Irving Bernstein, *The Turbulent Years: A History of the American Workers 1933－1941*, p. 440.
[4] Rachel Meyer, "The Rise and Fall of the Sit-down Strike" in Aaron Brenner, et al. eds., *The Encyclopedia of Strikes in American History*, London: Routledge, 2009, p. 207.

织。在短短几个月内,该组织声称其成员已经增加到30000人。① 从地域上来看,产业工会在北部和东部地区迅速发展起来,后来开始积极地向西部和南部扩张。② 在西部,加利福尼亚州的码头工人组织起了产业工会,并以原劳联工会领导人兼共产主义者哈里·布里奇为西部地区的领导人,使加州成为产联在西部的重要基地。在南部,产联成立了纺织工人组织委员会(Textile Workers Organizing Committee),努力吸纳黑人工人加入工会。

随着产联力量的逐渐壮大,劳联也在竞争中加大自己的组织力度。他们不仅招募了更多的会员,也开始按照产业工会主义的原则组织工人。到1939年时,"劳联不仅恢复了因产联独立而缩小的会员规模,而且增加了近100万名会员"③。劳联与产联的规模基本持平,成为当时美国力量最强大的两大工人组织。不同的是,在传统的印刷业、铁路建设和公路建设等领域内,劳联力量依旧强大;而产联只是在劳联力量薄弱的地方得到迅速发展。迫于产联的竞争压力,劳联的保守派开始意识到如果不采取行动,产联将会取代他们成为未来发展的趋势。于是,自20世纪30年代末起,劳联内部的一些国际工会,包括机械技师、电工及肉类切割工人等所属的国际工会也逐渐开始以产业为单位进行组织工作。④

独立工会虽然在数量上仍然无法与产联和劳联相匹敌,但其力量在这一时期也有所扩大。1934年,独立工会的会员数仅有64.1万人,到了1939年,其会员数已经达到97.4万人。⑤ 不少独立工会在1934年的罢工潮之后加入了劳联或产联,也有一些独立工会在规模上得到了扩大。这些独立工会主要是由铁道工人、联邦政府雇员和电话接线员等组成。其中,电话接线员于1939年合并了该产业里30多个分散的工会,组成了全国电话接线员联合会(National Federation of Telephone Workers),宣称会员数超过9万人。⑥

---

① Edward Levinson, *Labor on the March*, p. 250.
② Robert H. Zieger, *The CIO*, 1935–1955, Chapel Hill: University of North Carolina Press, 1995, p. 71.
③ Milton Derber, "Growth and Expansion", p. 16.
④ Milton Derber, "Growth and Expansion", p. 13.
⑤ Robert H. Zieger, *The CIO*, 1935–1955, p. 71.
⑥ Milton Derber, "Growth and Expansion", p. 16.

三 工人运动的新发展

《国家劳动关系法》在国会的通过，激起了工人加入工会的热情和工人领袖组织工会的信心，促进了劳联工会、产联工会及独立工会力量的壮大。这一时期，产业工会成为美国工会组织的主要形式，并在劳联和共产党人的共同领导下迅速发展起来。正是在这样的背景之下，美国的工人运动在许多行业领域获得了新的突破，并采取了静坐罢工这种更为直接有效的抗议形式进行斗争。

（一）行业领域的新突破

产联领袖积极推动其他工业领域内工人的罢工斗争，以增强产业工会的影响力。这一时期，钢铁工人、汽车制造工人、橡胶工人、海运工人等都积极地参与运动，并取得重大的成就。除此之外，劳联工会及独立工会也领导工人参与斗争。其中，零售工人、女服务员、水管工、卡车司机、音乐演奏者、电影工作者等也在《国家劳动关系法》和其他行业工人斗争的鼓舞下积极争取自己的权益。[1] 不同产业的斗争情况不尽相同。产联在钢铁业、汽车制造业和橡胶业的斗争集中在 1937 年，形成巨大的罢工浪潮，引起大众的关注。由于这些产业的垄断程度较高，产联通常组织工人针对该行业中的企业巨头进行斗争，并以此带动对其他公司的斗争胜利。例如，在钢铁工业中，工人先对当时最大的美国钢铁集团发起挑战，在取得美国钢铁集团对工会的认可之后又与许多公司签订了集体议价协议。而在汽车工业中，工人选择了汽车业三大巨头之一的通用汽车公司为首要打击目标，继而转向克莱斯勒公司。如果说 1934 年的罢工潮只对这些产业中的某个工厂或某个地区造成了一定的打击，那么这一时期的罢工则致力于取得整个产业对工会的认可。但是，由于同一个产业内部不同企业的态度不同及工人力量的分布不同，运动的结果也不尽相同。

以钢铁工人的斗争为例。钢铁工人的组织工作是刘易斯成立产联之后的首要目标。这一方面是为了保证矿工联合会对钢铁企业下属自销矿山的控制，另一方面是因为钢铁行业对工会的反对极为强烈，在这个产业的成功将对其他产业的组织工作起到关键的带动作用。[2] 因此，这一时期产

---

[1] Aaron Brenner et al, eds., *The Encyclopedia of Strikes in American History*.
[2] Irving Bernstein, *The Turbulent Years: A History of the American Workers* 1933 – 1941, p. 435.

联极为重视钢铁产业的工会运动。钢铁行业的斗争集中体现在钢铁工人组织委员会领导钢铁工人反对美国钢铁集团和"小钢集团"① 的斗争。当时,钢铁产业的总雇用工人约有 50 万名,美国钢铁集团公司的工人就占了 22.2 万人,是该产业中规模最大的钢铁公司。因此,钢铁工人组织委员会决定以此为突破口,打破钢铁产业的"开放工厂"。有意思的是,对美国钢铁集团战斗的胜利更多取决于钢铁工人工会的规模扩大和对公司工会的渗透。当时,美国钢铁集团内部已经存在影响力重大的公司工会:1934 年年底,美国钢铁集团 90%—95% 的工厂中设有员工代表。②于是,钢铁工人组织委员会主席邀请这些公司工会的代表加入工人工会,并通过这些代表提出钢铁工人组织委员会的要求。该措施的成效十分明显,在没有爆发罢工的情况下,美国钢铁集团便同意与产联进行谈判。1937 年 3 月 2 日,工会与美国钢铁集团公司的集体议价协议公布,带动了钢铁工人组织委员会与该行业内许多其他公司的谈判。到 3 月 20 日,钢铁工人组织委员会已经签订了 23 份集体议价协议;到 4 月 10 日,签订的集体议价协议已达 51 份;直到 5 月 15 日,钢铁工人组织委员会已经签署了 110 个集体议价协议,涉及工人 30 万人。③ 当时的第四大钢铁公司琼斯与克劳林钢铁公司由于自身的弱势(它的产量自 1929 年起就再也没有恢复过),在工人的一次罢工之后很快就投降了,与钢铁工人组织委员会签订协议。在这些协议中,工会不仅仅是工人的代表,还是进行集体议价的唯一机构。

但与其他钢铁公司的斗争就没有这么顺利了。"小钢集团"的斗争是钢铁工人在这时期面对的最艰难的挑战。小钢集团采取各种措施反对工人罢工,在罢工开始之前通过媒体诋毁劳工领袖为"煽动者",同时利用警察、法院和公众的力量反对罢工和工会运动;在罢工开始之后,则让工人当中仍然忠于公司的成员开展"回到工厂"运动,动摇工人的斗争决心。此外,这些钢铁公司还花重金雇用私警,购买各种武器来镇压工人运动。

---

① 小钢集团(littlesteel)其实并不小,它是由仅次于美国钢铁公司的其他几大钢铁公司组成的,包括伯利恒钢铁公司(Bethlehem)、共和钢铁公司(Republic)、杨斯顿钢铁公司(Youngstown Sheet & Tube)、内陆钢铁公司(Inland)、美国国家钢铁公司(National)等。这些公司不愿意同美国钢铁集团一样承认钢铁工人以工会为代表进行集体议价的权力,因此组成小钢集团共同镇压工人运动。
② Irving Bernstein, *The Turbulent Years: A History of the American Workers 1933 – 1941*, p. 455.
③ Irving Bernstein, *The Turbulent Years: A History of the American Workers 1933 – 1941*, p. 474.

1937年5月，仅共和钢铁公司的私警部门就有370人，拥有552把手枪、64把来福枪、245把短枪、43把气枪、2707个催泪瓦斯弹等。① 在公司方如此强力的镇压之下，钢铁工人组织委员会遭受到沉重的打击。其中最引人注目的是共和钢铁公司在南芝加哥的工厂爆发的阵亡将士纪念日罢工。纪念日当天，大约有一千至两千五百名工人进行罢工，其中还包括妇女和孩子。但警察无情地攻击工人，导致10名罢工人员中枪身亡；30人受严重的枪伤，其中9人永久残疾；另外有58名罢工人员受到相对较轻的伤害。② 在与杨斯顿钢铁公司、伯利恒钢铁公司、美国国家钢铁公司等的斗争中，钢铁工人也遇到了公司私警、政府警察和国民警卫队的武力镇压。在与小钢集团的斗争中，总共至少有16人死亡，且这些死者全是罢工人员或工会的同情者。另外，根据拉福莱特委员会的调查，当时至少有323名工人受到严重但非致命的伤害。③ 钢铁工人对小钢集团的罢工斗争是一次巨大的失败，使工会陷入了财政危机，导致会员的流失，直到1939年情况才逐渐好转。

  钢铁工人组织委员会对美国钢铁集团的斗争之所以能够那么顺利获胜，是许多因素综合作用的结果，实属小概率事件。首先，当时的经济环境有利于钢铁工人的斗争。1936年，钢铁行业的经济有所回升，并达到了这一时期的高点。经济的回升使工人的就业比较稳定，工资也有所上涨。这为工人罢工奠定了物质基础。同时，随着钢铁行业的复苏，美国钢铁集团不愿意承受一次罢工可能带来的经济损失，因此也会尽量避免罢工的发生。其次，当时的政治环境对工人十分有利。1936年的美国参议院支持工会运动，设立拉福莱特委员会对公司当中不公平的劳工行为进行调查。同时，社会上的民主人士也支持集体谈判制度，反对公司方的反工会政策，这为钢铁工人组织委员会的组织工作提供了社会舆论的基础。最后，工会组织采取各种有效措施来吸收工人入会。这其中包括让接受过高等教育的组织者加入钢铁工人组织委员会，设立《钢铁工人报》（*Steel Labor*）宣传工会，团结其他种族的工人，以及借"总统"之名招募会员——在口号中直接打出"一条来自主席（The President，也有总统之

---

① Irving Bernstein, *The Turbulent Years: A History of the American Workers 1933–1941*, p. 482.
② Irving Bernstein, *The Turbulent Years: A History of the American Workers 1933–1941*, p. 489.
③ Ahmed White, *The Last Great Strike: Little Steel, the CIO, and the Struggle for Labor Rights in New Deal America*, p. 230.

意）的信息！主席希望你加入工会！"来吸引更多工人入会。此外，非常重要的一点是，当时美国钢铁集团公司的董事长泰勒在工人选择罢工之前就答应与工会进行协议，避免了罢工的发生和斗争的进一步升级。这里面不仅有从经济上的考虑，也与其自身的理念有一定关系。

而在与小钢集团的斗争中，虽然面临的经济、社会、政治环境都一样，工人却惨遭滑铁卢，其原因有二。首先，小钢集团对工人的镇压力度远远超越了美国钢铁集团，动用警察、法院和私警的力量，不遗余力地阻碍工人罢工。其次，与美国钢铁集团不同，小钢集团是由分散在不同地区的几个钢铁公司组成的。要想成功应对他们，工人的力量必须在这些地方都足够强大。但对当时刚刚被重新组织起来的钢铁工人而言，这还是比较有难度的。伯利恒钢铁公司的主要员工集中在宾夕法尼亚的伯利恒和约翰斯顿，但是钢铁工人组织委员会在伯利恒几乎没有任何力量，只有在约翰斯顿有微弱的工会力量；美国国家钢铁公司在西弗吉尼亚和俄亥俄州设有工厂，约有一万四千名工人在那里工作，美国轧钢厂则有近一万两千名雇员集中在俄亥俄州，但钢铁工人组织委员会在这两个地区也几乎没什么力量，也就难以实现这一地区工会运动的胜利；在工会力量较为强大的芝加哥和匹兹堡地区，由于共和钢铁公司和杨斯顿钢铁公司也都集中在那里，双方爆发了激烈的斗争。因此，在大环境相似的情况下，在这些产业中工人罢工运动的胜利，在一定程度上取决于资本方的镇压力度和工会的组织力量状况。不过虽然遭到了小钢集团的顽固抵抗，钢铁工人组织委员会的组织还是比较成功的：截至1937年10月，它已经拥有1047个地方工会并签署了439份集体议价协议。

钢铁工业的斗争不过是当时斗争的一个案例。在其他产业的斗争中，特别是在橡胶工业和汽车工业中，虽然斗争的动机不完全相同（在汽车工业和橡胶工业中，工人罢工的一部分动机在于对工资的不满），工会也都采取类似的策略。例如，在汽车工业的斗争中，工人选择先与通用汽车和克莱斯勒斗争，并取得成功。但在面对态度强硬的福特公司时，工人仍然无能为力。这事实上体现出了工人在运动过程中相对被动和弱势地位。除了社会大环境的影响，他们在这些领域内的斗争的成败在一定程度上取决于公司方抵制力量的强弱。

（二）静坐罢工的兴起与衰落

静坐罢工（sit-down）是1935年之后工人罢工运动的新形式与新特点，仅在1937年就发生了477次持续时间至少一天的静坐罢工，参与的工人数量高达 40 万人。其中，约有 100 次静坐运动是劳联工会成员发起的。此外，还有许多静坐罢工持续不到一天，公司方就选择妥协。① 静坐运动遍布劳联工会、产联工会甚至无组织的工人之间，在各大产业都适用——鞋业、酒店业、印刷业、航运业、钢铁业、运输业、烟草业等都采取了这一罢工形式。

静坐罢工一般是工厂里的有组织工人在工作岗位原地坐下，"在应该工作的时间内停止工作或者按时出勤但拒绝进行任何工作"②。这种方法与出走罢工（walk-out）相比，能够更加有效地防止雇佣方找到其他工人替代罢工工人工作，或防止雇佣方把生产转移到其他地方。静坐罢工的效果在用生产线进行作业的产业领域里最为明显：一旦某个生产线的工人开始静坐罢工，所有的生产都将被迫停止。因此，该罢工形式在这个时期非常广泛地运用于大规模生产工业领域，并卓有成效——其中，橡胶工人、电工和汽车工人特别频繁地进行静坐罢工。工人既可以采用静坐罢工来迫使公司改善工作条件或提高工资，也可以用于要求他们承认工人工会。例如，1937 年，伊利诺伊州的 450 名煤矿工人直接在矿井底下进行了静坐罢工，抗议不安全的工作条件。③ 6 月 26 日，密尔沃基电工联合会（United Electrical Workers）的 130 名成员占领了太阳能电池公司，进行了长达 23 天的静坐罢工，要求公司方加薪和承认工会。④

静坐罢工并非这时才出现的罢工形式。早在 1906 年 12 月 10 日，在世界产业工人联盟的带领下，约 3000 名普通电力工人在纽约就进行了一次静坐罢工，抗议公司方解雇该联盟会员。⑤ 但是，早期的静坐罢工都只是偶然事件。1936—1937 年，发生静坐罢工的工业领域迅速扩大，参与静坐罢工的工人数也越来越多。其中，1937 年 3 月是静坐罢工运动的鼎盛时期：遍布在 170 个职业领域的 167210 名工人都参与到静坐罢工中去。除了汽车制造业、橡胶生产行业的工人经常使用这种罢工形式之外，其他产业的工人——例如酒店业、餐饮业和零售业等服务行业的工人——也开

---

① John Newsinger, *Fighting Back: The American Working Class in the 1930s*, p. 162.
② United States Department of Labor, *Strikes in the United States*, 1880 – 1936, p. 4.
③ Philip Dray, *There is a Power in a Union*, New York: Anchor Books, 2010, p. 487.
④ Darryl Halter, "Sources of CIO Success: The New Deal Years in Milwaukee", in Darryl Halter ed., *Workers and Unions in Wisconsin*, Madison: Wisconsin Historical Society Press, 1999, p. 128.
⑤ Melvyn Dubofsky, *We Shall Be All, A History of the Industrial Workers of the World*, Champaign: University of Illinois Press, 2000, p. 71.

始采取这种方式进行罢工。

当时最典型、最著名的要数弗林特汽车工人的静坐罢工。这是由汽车工人联合会组织的反对通用汽车公司的罢工。1936 年,通用汽车的利润已经恢复到 1928 年的水平,工人的薪资却并未得到巨大改善。公司还雇用工会间谍监视工人的活动。鉴于此,工人于 1936 年 12 月底发起罢工,抗议公司聘请间谍监视工人是否参与工会活动的行为。罢工持续了一个多月,直到州长介入进行调停,通用公司才与汽车工人联合会进行谈判。罢工的过程体现了工人的战斗性和斗争的坚定信念,体现了工人组织的计划周密和工人之间的团结。首先,这是一次组织良好的罢工。工厂内的工人以 15 人为一个小组,接受队长的领导。他们派遣特别的巡逻队站岗,随时观察外界的动态;组织定期的军事演习,随时准备战斗。此外,工人自己还组织包括拳击、乒乓球、足球等在内的娱乐活动,活跃了罢工的氛围,减少了因过于沉闷而放弃罢工的可能性。工厂内还组织了教育课,帮助坚定工人继续罢工的信念。其次,工厂之外其他工人的团结与宣传也十分重要。当弗林特汽车工人进行罢工时,产业组织委员会和汽车工人联合会正在外部开展招募会员和团结会员的宣传活动,这给予弗林特汽车工人强大的支持。当时成千上万的工人从托莱多和底特律等地前来支持弗林特汽车工人的罢工。此外,工会负责为罢工者提供三餐,帮助安顿他们的家庭,以消除工人罢工的后顾之忧。[①] 所以说,罢工的缜密安排和其他工人对罢工的支持是保证此次罢工胜利的关键因素,同时也使这次的罢工成为静坐罢工的"模板"。

静坐罢工的广泛运用有其特定的时代背景。首先,在生产分工日益细化和大规模生产盛行的情况下,工人承担的只是一件产品生产过程中某道工序的工作。正因如此,只要负责其中一道工序的工人停止工作,该产品的生产就难以继续。在这样的背景下,即使只有几个工人,往往也可以发起一场成功的静坐罢工。其次,1936 年的政治环境对工人而言相对友好,这在一定程度上保证了静坐罢工运动的成功,也促使它成为更受工人欢迎的罢工形式。例如在弗林特汽车工人的罢工中,州长墨菲拒绝对罢工工人采取武力,这对工人罢工的成功起了至关重要的作用。1936 年,罗斯福在工人的拥护下连任总统,各州的选举中也有不少同情工人的议员获胜,

---

[①] John Newsinger, *Fighting Back: The American Working Class in the 1930s*, pp. 151–155.

这使工人更有勇气参与罢工斗争。而且，静坐罢工通常是一种非暴力的罢工，除非罢工对象是类似通用汽车公司这种大型企业，一般不会引起雇佣方的暴力打压。此外，当时也没有法律明确规定这种罢工形式是否合法，很少有法院对静坐罢工颁布禁令或加以干涉。所以说，大规模生产的扩张和政治环境的相对友好使得静坐罢工成为20世纪30年代中后期较为盛行的一种罢工形式。

静坐罢工不仅是一种有效、成功的罢工形式，还能够在心理上使不同的工人个体团结在一起。工人在工作场所进行静坐罢工，也就不需要担心雇佣方聘请其他的工人代替自己的职位或者请罢工破坏者来破坏罢工，它能够给工人一种"力量和安全感……使罢工者有更大的可能来保卫自己，反对警察和公司人员的暴力"[①]。相比于暴露在严寒或酷暑中的出走罢工，静坐罢工更能够坚定工人罢工的决心，并在无形之间增强了工人之间的联系与羁绊，加强了工人的集体意识与团结精神。在罢工中，工人们聚集在一起，形成了一种"合作的气氛"，这种气氛引导着静坐罢工者的思想，使他们产生了"人格上的真正的革命"，用"我们"来代替"我"。[②] 在静坐罢工中，基层工人具有更大的主动性。有时候，在工会领袖发布罢工指令之前，工厂里的工人已经开始了静坐罢工。

不过，鉴于静坐罢工的有效性和在全国范围内的盛行，企业方和各州政府开始采取措施。除了企业方的批评和竭力镇压之外，各州政府也在不同程度上反对该策略。例如，新泽西的州长霍夫曼警告说将在必要的情况下动用一切资源驱逐静坐罢工者；而早在1937年，阿拉巴马和佛特蒙州已经考虑通过立法否定静坐罢工。[③] 虽然弗林特汽车工人反对通用汽车的静坐罢工在初期没有受到警察的武力干预，但之后，该城市的静坐罢工却受到了各种"复苏的反工会力量的竭力攻击"。[④] 同时，1937年3月最高法院通过了《国家劳动关系法》，这就正式承认了工会的合法性，标志着集体谈判机制的正式确立。工人可以通过工会代表参与到有关工资、工时、工作条件等事宜的集体谈判中去，必要时可以采取包括罢工在内的集

---

① 陆镜生、张友伦：《美国工人运动史》，第663页。
② Rachel Meyer, "The Rise and Fall of the Sit-down Strike", in Aaron Brenner et al. eds., *The Encyclopedia of Strikes in American History*, p. 204.
③ Rachel Meyer, "The Rise and Fall of the Sit-down Strike", p. 210.
④ Rachel Meyer, "The Rise and Fall of the Sit-down Strike", p. 211.

体行动。国家劳工委员会可以组织选举，要求雇佣方与工会一同参与到集体谈判中。于是，在各州对静坐罢工的打压力度日益加大和集体谈判机制最终确立的情况下，工会逐渐放弃静坐罢工斗争，通过集体谈判的方式来维护工人的权益。1939 年，最高法院判定静坐罢工是对私人财产的非法占有，静坐罢工渐渐退出了历史舞台。

第三节　小结

就 20 世纪 30 年代而言，美国的工会主义运动是日渐高涨的。[①] 为了争取更有利的薪资条件和工会的合法性，工人与资本家展开了斗争。他们通过示威、抗议和罢工的方式表达自己的利益诉求，最终取得了巨大的成功。1937 年 3 月最高法院通过了《国家劳动关系法》，正式承认了工会的合法性，标志着集体谈判机制的确立。工人可以通过工会代表参与到有关工资、工时、工作条件等事宜的集体谈判中去，必要时可以采取包括罢工在内的集体行动手段。国家劳工委员会可以组织选举，要求雇佣方与工会一同参与到集体谈判中。

当然，这个过程并非一帆风顺的。在大萧条初期，工人运动面临着极度不利的条件。部分工人满足于中产阶级化的生活，在思想上趋于保守；工会和左派政党的力量受到削弱，资本方则在生产领域中占据绝对优势。即使如此，从大萧条时期的失业者游行，到 1934 年扭转局面的罢工潮，再到 1937 年的静坐罢工浪潮，来自纺织业、服装制造业、汽车制造业、钢铁产业甚至是服务业的工人都加入到对抗资本方的斗争中去。在左派政党和工会组织的领导下，工人通过罢工迫使资本方同意提高工资或缩短工

[①]　不过在"二战"之后，虽然美国工会力量扩大，工人运动却日渐衰落。在美国宣布参加"二战"之后，政府开始成立国防调解委员会来调节这一领域内的劳资关系。罗斯福总统下达第 9250 号、9301 号行政命令，规定固定的工资水平和工时，限制工人的罢工权利。工会领袖做出"战时不罢工"的保证，甚至连美国共产党也反对战时罢工。这在很大程度上限制了"二战"期间工人运动的发展。"二战"结束之后，工会力量越发壮大，工人运动却逐渐走向低潮。1945 年美国曾经再次爆发罢工潮，主要是由产联发动的。其中，汽车工人联合会组织 18 万名通用汽车工人进行罢工，并得到了 50 万钢铁工人的支持和 20 万电工的支持。但是，由于战时合同的终止，战后繁荣的经济逐渐回归平静，再加上 1200 万军人回归劳动力市场，工人运动受到十分复杂的影响。劳联向南方扩张的希望落空了。随着 1947 年《塔夫特哈特利法》的出台，工人运动更是受到严重的打击。该法认为，"封闭工厂"是非法的，禁止仲裁罢工和二次抵制，并禁止工会向政治选举捐款。自此之后，劳工力量日渐衰落。但这都是后话了。

时等具体要求，并在最终确定了工会的合法性。

  为了分析上的简明和便利，我们在前文按先后顺序分析了政策的变化、工会力量的壮大和工人运动的发展。这或许会给读者这样的认知，即新政的劳工政策是工会力量发展壮大的前提，而工会力量的发展壮大又促进了罢工运动的发展。从某种意义上来说，这并没有错。但不能因此就对制度环境、组织力量和工人运动之间的关系做简单的线性理解。诚然，20世纪30年代中后期美国工会主义的高涨与当时的政治环境（或者说制度环境）是分不开的。罗斯福新政中的劳工政策，特别是《国家工业复兴法》和《国家劳动关系法》激发了工人和工会组织者进行抗争的热情与斗志，推动了工会运动和罢工行动的发展。这并不是说，罗斯福新政是导致当时工人运动在美国大范围内发生并走向高潮最为关键的原因。劳资双方的矛盾是工人反抗的根本原因，而罗斯福的新政则为工人运动的顺利发展创造了重要的制度条件。

  而且，罗斯福新政的出台在很大程度上来说正是工人运动长期发展的结果。前文已经提及，19世纪末20世纪初的工人运动推动了进步主义运动的发展，对美国的主流政党和政治制度产生了深远的影响。首先，进步主义者的改革潜移默化地影响着两大政党，使他们愿意为了解决工业化过程中所产生的社会问题进行改良主义的活动。其次，劳工力量的壮大也令他们日渐重视劳工在选举中的作用。在民主党身上，这点表现得尤为明显。因此，民主党愿意在竞选纲领中吸收社会党或共产党的政见，并在实践中推行有利于工人的政策。最后，大萧条时期失业工人和在业工人所带来的社会动荡更是迫使美国政府中的进步主义者要尽快思考出解决方案。他们意识到，自由主义的经济哲学已经不再能够帮助美国走出困境。但若不对现状进行改变，美国很可能会走向苏联的道路。为了复苏经济，维护社会的稳定，罗斯福政府提出了新政。

  美国工人运动在20世纪30年代得以快速发展确实在很大程度上得益于新政所带来的良好的政治环境。新政的劳工政策助长了美国工人用罢工运动反抗资本家的趋势，并推动了他们的组织工作。但工人运动的顺利与成功同时还需要工人自己的斗争意志与决心。即使在1937年《国家劳动关系法》在最高法院获得通过之后，仍然有不少企业拒绝接受这一事实，在实践中继续反对工人工会，破坏工人罢工。恰恰是工人们的斗争意志和工会主义者、社会主义者及共产主义者的组织力量推动了工人运动的持续进行，从而迫使资本家接受工人具有加入工会进行集体谈判的合法权利这一事实。因此，从这个角度来看，制度环境与工人运动的发展之间是相互影响的。

同样，工会组织与工人运动的发展之间也存在着这种辩证关系。1933—1934 年，美国工人掀起了一阵罢工潮，这与大萧条时期在业工人的斗争情况形成了鲜明对比。这其中很大的原因在于，受到《国家工业复兴法》第 7（a）条款的鼓舞，工会力量有所复苏。工人自发进行斗争的积极性和工会组织的领导作用共同推动了工人运动在当时的发展，并促成了 1934 年的罢工潮。在托莱多汽车零件工人罢工、明尼阿波利斯卡车司机大罢工、旧金山海运工人罢工和纺织工人大罢工中，工人在劳联工会、社会主义者和共产主义者的带领下进行斗争。它们最初只是针对某个公司或某个地区的行业进行的，但其发展影响了邻近地区和相关领域的工人，鼓励他们加入工会，投身于罢工斗争，从而促进了工会力量的发展和罢工运动的扩散。当然，如果罢工运动因组织不当而惨遭失败，工人对工会的热情和信心也会有所消退——这点在纺织工人大罢工中已经得到体现。但总体而言，1934 年的罢工潮还是推动了工会力量的进一步壮大。在这个过程中，为了适应当时美国工业生产规模化的特点和工人与垄断资本进行斗争的需要，产联工会应运而生。于是，随着产联工会组织力量的增强，工人运动蔓延到钢铁产业、汽车制造业、橡胶业等垄断巨头集中的领域之中，并在最终迫使相关企业承认工会的合法性。

总体而言，美国工人在历史上的长期斗争加强了美国主流政党的改良主义倾向，大萧条时期劳资矛盾的激化又直接推动了新政的出台，为 20 世纪 30 年代工人运动的进一步发展提供了有利的制度因素。这些制度因素促进了工会力量和工人罢工运动的发展，使工会主义在美国社会迅速高涨起来。在这个过程中，美国工人争取工会合法权和集体谈判权的斗争又推动了美国劳资矛盾解决机制的变化，使集体谈判机制最终在私营部门得到确立。也就是说，20 世纪 30 年代，美国社会劳资矛盾的激化导致工人运动的发展壮大，最终又帮助实现了美国劳资矛盾的制度化缓和方式。要理解这一结论的内部逻辑，关键就在于美国政治制度的独特性和工会的性质与发展历史。在阶级矛盾激化的情况下，由于社会上并不存在发生革命的条件，美国工人选择的是在工会组织的领导下进行罢工斗争。但是，工人的罢工在制度上依旧是受到阻碍的。这就使工人必须通过政治上的手段为罢工创造有利的制度环境。在20世纪30年代，工人同民主党走向政治上的联盟。因此，当工人在政治上依赖资产阶级政党时，他们的运动就不可能是彻底的、革命的，只可能是在资本主义法制的范围内，采取制度化的矛盾解决方式来缓和劳资双方的关系，从而延长资本主义的生命力。

于是，解释美国工人同民主党之间政治联盟的形成就成了理解上述结论内在逻辑的关键。20世纪30年代，美国的社会党和共产党依旧活跃于工人内部。这就很难不让我们产生疑问：难道他们不曾动员过工人进行政治活动吗？难道美国工人不曾尝试过建立代表工人阶级的独立政党吗？如果这两个问题的答案都是肯定的话，那么，为什么当时美国工人既没有在政治上走向同左派政党的联盟，也没有建立起独立的工人政党，而是同民主党联合在一起了呢？这些，就是我们将在第三章中解决的问题。

第三章

美国工人运动中社会主义的式微

美国工人不仅在经济领域里发起抗争运动,也活跃于政治舞台上。社会党和共产党积极地动员工人,努力扩大自己的政治影响力;工人也曾进行过建立全国性工人党的政治努力。鉴于这些政治运动的目的在于使工人在政治上摆脱对资产阶级政党的依赖,我们将美国社会党、共产党的动员活动及工人在1934—1938年间建立全国性工人党的政治努力统称为美国工人的独立政治行动。这些独立政治行动是工人在政治上与社会主义政党相联系的运动,以建立统一的工人政党,掌握国家政权,从根本上以消灭剥削为目的,带有社会主义色彩。因此,它们是以社会主义为目标的政治行动。

虽然该时期的美国工人运动带有社会主义色彩,这种趋势却在运动的发展过程中日渐淡化。这主要体现在工人独立政治行动的失败。受到美国独特的政治制度的影响和美国工会同社会主义政党之间历史关系的制约,工人不仅没能在这一时期实现政治独立的目标,反而日渐走向与民主党的联合。因此,工人建立并发展社会主义政党来夺取政权并赢得政治独立的目标没能实现。所以,我们说社会主义的式微是该时期美国工人运动发展的另一特点。

第一节 美国工人的独立政治行动

早在19世纪20年代末至30年代初,美国东北部和大西洋海岸中部地区的五十多个城镇已经建立起工人党(Workingmen's Party)。这一运动得到来自运输业、商业和制造业的许多技术工人的支持,他们因技术革命的冲击而在待遇和经济地位上受到威胁。① 例如，费城机械工人工会就在1828 年建立了费城工人党，参与当时的州长选举，并在1829 年控制了市政府。但是，这些工人党只是名义上的工人政党。它们"缺乏作为工人政党应当具有的纲领和章程"②，主要目标并非"实现工人阶级的自身解放和解放全人类"③，而是通过增加政府中工人的代表来提高工资，争取十小时工作制。但历史上美国工人党所取得的胜利总是短暂的。这些工人党带有杰斐逊主义时代反对银行、反对垄断、追求社会平等的共和主义色彩。到了 19 世纪 30 年代中期，大部分的工人党都已经消失。当马克思主义思想随着德国移民传播到美国，美国开始出现了一些社会主义政党，包括社会主义劳工党（Socialist Labor Party）、社会民主党（Social Democratic Party）、美国社会党（Socialist Party of America）及美国共产党（Communist Party of America）等。这些政党通常代表着不同工人团体的利益。例如，社会主义工人党主要由德国、波兰及其他东欧国家的移民工人组成，要求废除工资体系，解放工人；社会民主党则代表着更加本土化的美国工人利益，主张借由非暴力的民主方式在美国实现社会主义。此外，各州也多次建立起工人党，包括芝加哥联合工人党（Chicago's United Labor Party）、密尔沃基人民党（People's Party in Milwaukee）、纽约美国工人党（New York's American Labor Party）等，这些地方性的工人党有时会组成全国性的工人党参与总统选举。

但是，独立的工人党一般难以在选举中获得较大的胜利。例如，社会主义工人党仅在一些移民密集的城市中获得选举的胜利；工人改革党在 1872 年的总统选举中仅获得 600 多万选票中的 18600 票。④ 在美国，政党的存续与选举政治密切相关。由于工人党在选举中难以获胜，也就很难长期维系下去。到 20 世纪 30 年代，社会党和共产党是当时美国社会上代表工人阶级的主要左派政党。他们的发展情况不尽相同，但都积极参与到国家和地方层面的选举活动中去。

---

① Kevin Powers, "Labor Parties", in Michael Kazin ed., *The Princeton Encyclopedia of American Political History*, Princeton: Princeton University Press, 2010, pp. 459–460.
② 张友伦：《试论美国早期工人运动的特点——关于美国和西欧工人运动的比较研究》，第 26 页。
③ 张友伦：《试论美国早期工人运动的特点——关于美国和西欧工人运动的比较研究》，第 27 页。
④ Kevin Powers, "Labor Parties", p. 461.

一 20世纪30年代的美国社会党与共产党

美国社会党成立于1901年,其目的在于"把工人阶级和那些同情工人阶级之人组织成为一个政党,控制政府力量并利用这种力量把生产和分配的私人所有制转变为由全体人民集体所有的制度"[①]。在1901年的党纲中,该党指出,民主党和共和党在本质上代表的是资产阶级,因此社会党必须承担起代表工人阶级利益的责任。建党后的十余年可谓是美国社会党发展的黄金时期,其党员人数一度达到118000人,[②] 还在1912年的总统选举中得到5.99%的大众选票(这是社会党参与选举的历史上所得到的最高支持率)。但是,鉴于"一战"期间社会党的反战态度和俄国十月革命之后党内左派力量的分裂,社会党的力量日渐衰落。在大萧条的十年期间,其党员人数从未超过21000人。[③] 虽然如此,社会党仍然积极地在工会内部组织和团结工人,并参与到地方和全国层面的选举中去。1932年和1936年,社会党的总统候选人分别获得了2.23%和0.41%的大众选票。[④] 在地方层面,社会党对密尔沃基地区的影响很大。社会党人丹尼尔·韦伯斯特·霍恩(Daniel Webster Hoan)从1916年起就担任密尔沃基市市长,并连任至1940年。

与社会党的情况不同,美国共产党在成立的前十年里受制于政府的镇压和宗派主义斗争的影响,力量薄弱。[⑤] 而在大萧条之后,特别是在1935年之后,美国共产党迅速壮大起来,走向了其发展的巅峰时期。从党员的数量来看,这一时期的美国共产党吸引了不少工人入党。到1936年春,美国共产党约有党员41000人。从1937年起,美国共产党的规模得到迅速扩张:当年,招募了45000人入党(但实际注册人数只有34000人),

---

① "The Socialist Party: Indianapolis Convention Effects Union of All Parties Represented in Response to Call of the Social Democratic Party", *Social Democratic Herald*, Vol. 4, No. 7, Aug., 1901, p. 2.

② Daniel Bell, "Marxian Socialism in United States" in Donald Drew Egbert and Stow Persons eds., *Socialism and American Life*, Princeton: Princeton University Press, 1952, p. 291.

③ Murray Seidler, "The Socialist Party and American Unionism", *Midwest Journal of Political Science*, Vol. 5, No. 3, August 1961, p. 209.

④ David Leip, "1932 Presidential Election Results" and "1936 Presidential Election Results", http://uselectionatlas.org/RESULTS/national.php?year=1932&f=0&off=0&elect=0, http://uselectionatlas.org/RESULTS/national.php?year=1936&f=0&off=0&elect=0, December 5, 2016.

⑤ 关于美国共产党的成立及其发展过程,可参考第一章相关内容,在此不做赘述。

到1938年年底,党员数已达82000人。① 而且,1930—1940年,党员的构成由以失业工人为主转变为以在业工人为主。1930—1934年新入党的党员主要是失业工人。1932年,党员中40%为失业工人;到了1934年,失业工人占党员总数的60%—70%。甚至在某些地区,新入党的成员中约有80%为失业工人。从1936年起,党员中在业工人的比例逐渐增高。到了1938年,党员中约62%都是在业工人。新入党的成员中不仅有蓝领工人,还有许多白领工人和专家。1937—1938年约有16000人入党,而在新入党的成员中,最大的群体是专家,然后是白领办公人员。② 虽然美国共产党与劳联工会的规模依旧相差甚远,但从其自身的发展历史来看,共产党的力量已经逐渐增强。而且,除了吸引传统的制造业工人之外,共产党还吸纳了许多知识青年和白领工人,其代表性和影响力也有所提高。

美国共产党规模的扩大与当时它和工会合作,帮助工会领导工人进行罢工斗争的努力是分不开的。为了防止美国的法西斯化,共产党改变了20世纪30年代初期的"第三时期"路线,在30年代中后期转向与社会党、劳联工会甚至与民主党合作的共同反对法西斯主义的"人民阵线"和"民主阵线"。基于这样的政策考虑,共产党不仅在政治上与社会党、民主党合作,还改变了原来的"双重工会主义"策略,加入劳联工会和产联工会中去领导工人运动。这一政策逐渐改变了共产党在工会运动中的边缘化地位,使他们更加靠近美国工人阶级。从1934—1936年夏,劳联中的共产党员从2000名增加到了15000名;在纽约州的16000名共产党员中有10000名加入了劳联工会。③ 相对劳联而言,产联与共产党之间的合作更加密切。在产联的发展初期,刘易斯急需训练有素的组织者。鉴于共产党在组织方面的优势和经验,产业组织委员会积极邀请共产党员入会协助其组织工作。虽然产联内部存在反对共产党的声音,但刘易斯坚信自己能够控制住共产党。同时,共产党也在大力推行"人民阵线"政策。他们认为产联与劳联这种"劳工官僚小集团"不同,可能使劳工在思想、产业和政策方面有所进步;共产党可以利用产联达到统一工人阶级,建立

---

① Harvey Klehr, *The Heyday of American Communism: The Depression Decade*, p. 366. 不过,1938年5月,白劳德称美国共产党的党员和共青团员加在一起已经达到了十万余人。
② Harvey Klehr, *The Heyday of American Communism: The Depression Decade*, p. 378.
③ Fraser M. Ottanelli, *The Communist Party of the United States: From the Depression to World War II*, New Brunswick and London: Rutgers University Press, 1991, p. 140.

反法西斯人民阵线的目的。① 在这两方面因素的推动之下，共产党员加入产联工会，大力协助组织活动，发挥了重要的组织和领导作用。

共产党员是产联中"人数最多、最遵守纪律和最一致的群体"②。刘易斯的传记作者索尔·阿林斯基（Saul Alinsky）曾如此评价共产党人在产联成立过程中的作用："共产党人孜孜不倦地努力着，从不轻视任何一项工作。他们简直全身心地投入于自己的任务中去……事实上，正是共产党为产联组织那些无组织者的工作做出了重大的贡献。"③ 研究者对共产党员在产联中的影响力的看法不一。有学者认为，到1938年，美国至少完全或部分地控制了产业组织委员会下属工会的40%，也有学者认为"就共产党的影响力而言，他们至少控制了产业组织委员会下属工会总数25%的工会；往大了说，他们还对另外25%的工会产生重大影响"④。尽管在具体的数字上存在争议，但这些数据都足以说明共产党当时对产联工会的影响力并不算小。需要指出的是，产联的最高领导层仍然紧紧抓住了成衣工人、矿工、钢铁工人、纺织工人等工会的领导权，竭力将共产党人排除在领导层之外。只有在新成立的产业工会中，共产党的领导能力才能得到最大限度的体现。当时，美国通讯联合会（American Communications Association）、运输工人工会（Transport Workers Union）、全国海运工会（National Maritime Union）等新成立的劳联工会都接受共产党的领导。同时，共产党完全控制了当时劳联内部的第三大工会——电工联合会，使之在很长时间内都成为共产党的重要基地。除了在各个工会中发挥重要作用，共产党在劳联的最高领导层中也有强大的影响力。例如，共产党员李·普列斯曼（Lee Pressman）简直成了产联中钢铁工人组织委员会主席穆雷不可或缺的帮手；此外还有许多其他的共产党员在产联各州、各地区的下层组织机构中担任重要的职位。

除了深入到工会内部之外，共产党也参与到地方和全国层面的选举中去。在1932年和1936年的总统选举中，共产党的候选人威廉·福斯特和

---

① 陆镜生、张友伦：《美国工人运动史》，第666页。
② Bernard Karsh & Phillips L. Garman, "The Impact of the Political Left", in Milton Derber & Edwin Young eds., *Labor and the New Deal*, Madison: The University of Wisconsin Press, 1957, p. 102.
③ Saul Alinsky, *John L. Lewis*, New York: G. P. Putnam's Sons, 1949, p. 153.
④ Bernard Karsh & Phillips L. Garman, "The Impact of the Political Left", p. 107.

厄尔·白劳德分别获得了0.26%和0.17%的大众选票。① 在地方上，共产党在华盛顿州、纽约州、伊利诺伊州、明尼苏达州等地区的影响力较大。特别是当共产党转向"人民阵线"（People's Front）的方针之后，共产党人在这些地区及美国南部地区的影响力都有所扩大——但这种影响力的扩大主要是通过与当地的自由主义政治群体或民主党联合而实现的。例如，在1936—1939年间，共产党在华盛顿州的选举中获得了很大的胜利，不少党员被选入华盛顿州的立法机关中工作。② 但这是通过加入华盛顿联邦联盟组织（Washington Commonwealth Federation），③ 作为华盛顿州民主党的一个派系参与选举而实现的。在明尼苏达州1936年的州议员选举中，共产党人虽未得到一张选票，却大力支持农民工人党的竞选活动，最终帮助农民工人党获得该州众议院的5个议席；在纽约州，共产党人通过与美国工人党的合作来扩大自己的影响力；而在南方地区，共产党人则通过与当地的社会党合作，加入南方民主党，参与人类福祉的南方会议④（Southern Conference for Human Welfare）等活动建立起人民阵线，扩大自己的影响力。⑤ 许多情况下，共产党人为了能更好地融入这些政治组织而掩盖自己的党派倾向。即使某些获选的议员或州长在思想上受到共产党的影响，或在选举中得到了它的帮助，但他们的政党属性大多是农民工人党或民主党，很少直接表现为共产党。

二　1934—1938年的工人党运动

1934—1938年，美国各地的工会还曾掀起过一场建立全国性的工人党运动的浪潮。然而，该运动受到产联领导层的强烈抵制，最终不了了之。

该运动的兴起在一定程度上受到了左派政党的影响。例如，社会党内部的诺曼·托马斯一派就支持工会建立起独立的工人党，许多地方工会中

---

① David Leip, "1932 Presidential Election Results" and "1936 Presidential Election Results".
② Harvey Klehr, *The Heyday of American Communism: The Depression Decade*, pp. 254–256.
③ 华盛顿联邦联盟组织建于1934年，是美国华盛顿州的一个政治压力集团。他们在选举中并不是以自己的名字推出候选人，而是作为民主党的派系参与选举的。
④ 人类福祉的南方会议源自于罗斯福想要在南方建立新政的希望。从1938年起，罗斯福就开始鼓励南方的自由主义者关注南方问题。于是，1938年，南方的经济自由主义者和民权自由主义者自发组织成立了"人类福祉的南方会议"，并获得了许多政界人士的支持。
⑤ Harvey Klehr, *The Heyday of American Communism: The Depression Decade*, pp. 252–280.

的社会党人也主张建立工人党；共产党领袖白劳德也在1935年提出要与社会党共同努力建立起农民—劳工党。①

不过，这场运动的直接原因在于1934年的罢工浪潮及其所遭遇的镇压。1934年的四次大罢工鼓舞了工人们的斗争士气，对工人进行了"政治教育"。几乎在每一次的大罢工中，工人们都遭到地方政府与资本方的双重镇压。各地方政府甚至动用警察或国民警卫队对工人进行暴力打压，并造成人员伤亡；罗斯福总统对声势浩大的纺织工人大罢工进行调停，承诺让雇佣方重新聘用参与罢工的工人，但这一承诺最终并未得到实现——这一切都使工人，特别是棉纺织工人，感受到了深深的背叛，对民主党政府失去了信心。1935年，马萨诸塞州工人党组织委员会指出："新政本该给予我们组织工会的权利。然而，当纺织工人在1934年为了使工会得到承认而进行罢工时，12个州的民主党州长都派出国民军破坏罢工，驱逐工人返回工作岗位。事实上，有14名纺织工人正是死在民主党州长所派出的国民军手上。"② 而且，在纺织工人大罢工的失败中，一些进步的工会主义者认识到劳联工会的"保守性"。纺织工人大罢工的领导者、纺织工人联合会副主席格曼后来在回顾大罢工的失败时也感叹："政府只会保护强者，仅仅依赖政府对工人的保护只是幻想。"③ 正是在这样的背景下，各州的地方工会开始展开了建立独立的工人党的运动。

应该说，组织并建立工人政党的想法在工人群众当中还是有一定吸引力的。"1937年8月的盖洛普民意调查显示，有21%的受访者支持建立工人党。1936年12月至1938年的一系列盖洛普民调结果指出，有14%—16%的受访者表示，如果工人党确实成立，他们甚至会加入工人党。"④工人党运动的主力在基层工会，多集中在1934年爆发过大规模罢工抗议运动并惨遭政府镇压的地区。从托莱多到旧金山，工人代表们开始提出建立工人党的主张。其中，新贝德福德中央工会投票一致同意建立新贝德福

---

① Eric Leif Davin, "The Very Last Hurrah? The Defeat of the Labor Party Idea, 1934 – 1936", in Staughton Lynd ed., *"We Are All Leaders": The Alternative Unionism of the Early 1930s*, Urbana & Chicago: University of Illinois Press, 1996, pp. 124 – 125.

② Eric Leif Davin, "The Very Last Hurrah? The Defeat of the Labor Party Idea, 1934 – 1936", p. 126.

③ Janet Irons, *Testing the New Deal: The General Textile Strike of 1934 in the American South*, p. 163.

④ Eric Leif Davin, "The Very Last Hurrah? The Defeat of the Labor Party Idea, 1934 – 1936", p. 123.

德工人党,并参与当地的选举。1935年,来自康涅狄格州劳工联合会350个地方工会的代表一致投票决定建立康涅狄格州工人党。罗德岛州的劳工代表们也在州劳联大会上以绝大多数的投票通过了建立工人党的主张,并要求在6个月内建立起罗德岛州工人党。阿克伦地区的橡胶工人联合会在1936年反抗固特异轮胎公司的罢工斗争胜利之后,也开始发起工人党运动。① 仅在1935年,"从新英格兰到俄勒冈州的12个州劳联大会上都提到了建立工人党的主张,且有5个大会已经采取了积极行动"②。

在全国层面,一些工会领袖到处宣传并动员工人以工会为基础建立工人党。格曼在纺织工人大罢工失败之后,认识到建立工人党的必要性,四处奔走宣传,动员各地劳联工会组建工人党。在他的影响之下,几乎每个由纺织工人联合会组织起来的小镇都努力建立起地方性工人党。同时,他还在1935年劳联的全国代表大会上宣传建立工人党的思想,并得到了妇女服装工人国际联合会纽约分会、密尔沃基工人联盟、克里夫兰汽车工人联合会等地方工会领袖的支持。格曼的主张仅以4票之差被否决,这在很大程度上鼓舞了工人党的支持者朝着这一目标继续努力。与此同时,为了建立起美国的反法西斯"统一战线",团结工人和农民,共产党也开始支持地方和全国层面的工人党运动,甚至在纽约市的选举中撤销了自己的候选人,以支持由地方工会和社区代表组成的统一工人党(United Labor Party)的候选人。③

但是,地方工会所发起的这一运动不仅遭到保守的劳联领导层的反对,也受到了相对激进的产联领导层的阻挠。当格曼在劳联代表大会上提出建立工人党的主张时,他的发言多次遭到劳联领导层内保守人士的打断,以至于该主张险些没能在大会上提出。1936年,由于对工会的组织方式产生分歧,主张产业工会主义的产联从劳联中独立出来。许多支持建立工人党的工会——包括汽车工人工会、橡胶制造工人工会、纺织工人工会——也随之离开了劳联。其中,汽车工人联合会的地方工会对于建立工

---

① Eric Leif Davin, "The Very Last Hurrah? The Defeat of the Labor Party Idea, 1934–1936", pp. 127–129, 136–139.
② Eric Leif Davin, "The Very Last Hurrah? The Defeat of the Labor Party Idea, 1934–1936", p. 132.
③ Eric Leif Davin, "The Very Last Hurrah? The Defeat of the Labor Party Idea, 1934–1936", p. 125.

人党运动的热情极为高涨。密歇根、俄亥俄、印第安纳等地区的汽车工人工会纷纷支持建立工人党或农民工人党，甚至于矿工联合会的基层工人也纷纷要求矿工联合会支持成立工人党的运动。虽然基层工人大力呼吁建立工人党，参与到选举政治中，产联的领导层却不支持成立独立的工人党。考虑到最高法院对《国家工业复兴法》的否定和《国家劳动关系法》的命运，他们"无法承受罗斯福在选举中的失败"[①]。于是，产联领袖发起了工人的无党派联盟（Labor's Non-Partisan League），并提出了"1936年选举罗斯福为总统"这种比较模糊的口号，鼓励工人在1936年的选举中支持民主党，却也不直接否定建立工人党的政治努力。无党派联盟给工人造成了混乱。工人党运动的支持者在工会内部遭到无党派联盟运动支持者的反对，一些地方工会也逐渐从支持建立第三党参与总统竞选，转向支持罗斯福和民主党。在某些地方工会中，工人党运动的支持者努力同无党派联盟合作，却并没有在地方工人党运动中得到他们的支持。虽然新贝德福德和阿克伦地区的工会仍然坚持组织独立的工人党，并得到较多支持，但在地方选举中，他们也没有赢得无党派联盟的支持，最终未能在地方选举中获胜。同时，在联邦层面的总统竞选中，鉴于未能形成全国性的工人党，也就无法推出工人党的候选人参与1936年的总统竞选了。

三　工人独立政治行动的失败

美国工人在这一时期的独立政治行动虽然促使政府政策偏向有利于工人阶级的方向发展，[②] 但从结果来看，它是失败的。代表工人阶级提出激进主张的左派政党并未在选举中得到多数工人的认可，其总统候选人在选举中所得到的大众选票所占比例均低于1%。当然，这一数据不能够证明左派政党在工人阶级当中的吸引力不大，因为它们在选举中的失利在很大程度上受制于美国独特的政党制度。但它也从一个侧面说明左派政党作为弱小的第三党的地位。

更重要的是，从力量上来看，当时的美国社会党正继续走向衰落。

---

① Eric Leif Davin, "The Very Last Hurrah? The Defeat of the Labor Party Idea, 1934 – 1936", p. 141.

② 当然，经济领域内的罢工斗争也对政府行为产生重要影响。不过，受到社会党、共产党及社会上激进人士的影响，美国传统的两大政党在1936年的竞选纲领中也都包含了关于工人失业救济补助、医疗保险等问题的提案。

1936年，社会党成员仅有11922名，到1937年仅剩6488名。① 到1938年，社会党中缴纳党费的党员规模第一次低于共产党缴纳党费的党员，它在左派力量中的主导地位也被共产党所取代。② 1937年之后，社会党基本失去了对明尼苏达州农民工人党的影响力，他们在产联工会中的地位也逐渐被共产党人所取代。党内的派系斗争愈加严重，分化出了美国工人党（American Workers' Party）和美国民主联盟（American Democratic Federation）。《苏德互不侵犯条约》的签订不仅使许多加入到人民阵线中去的社会党人转变为坚定的反共人士，甚至使一些社会党人对战争的态度从和平主义转向了干涉主义，加剧党内的分歧与矛盾。到了1940年，社会党中真正坚持社会主义思想的成员已为数不多。20世纪40年代初，社会党在密尔沃基的分部——这个美国社会主义的重要根据地——因严重的派系之争而破裂。此后，美国社会党的力量变得更加分散、弱小。社会党在1940年的竞选纲领中删除了历来所追求的解决工人阶级"直接需求"的目标，并把对资本主义制度做出根本性改革的激进诉求变成了累进税制的提议——这在一定程度上反映出社会党的改良主义趋势，已经愈发朝自由主义转变。所以说，20世纪30年代的美国社会党规模日益缩小，影响力也在不断下降。它逐渐从一个代表工人阶级提出激进主张的社会主义政党，向一个进步主义和自由主义的政治团体转变。美国社会党领导工人阶级进行独立政治行动，推翻资本主义经济制度的目标并未实现。

美国共产党的情况与社会党有些不同：20世纪30年代是美国共产党的巅峰时期，党员规模大幅度扩大。但在这个过程中，它逐渐偏离了正统的共产主义路线。1937年12月，美国共产党已有62000名党员；到了1938年年底，其党员人数达到82000人。③ 从其自身的发展历程来看，这已经算是美国共产党的黄金时期了。美国共产党力量壮大的过程与它走向反法西斯力量的"人民阵线"和"民主阵线"联盟，加强同美国产联工会的合作是分不开的。但是，在美苏联合对抗法西斯主义之后，美国共产党的政策和行为日渐偏离"追求以革命手段废除资本主义制度，从根本

---

① Jack Ross, The Socialist Party of America: A Complete History, Lincoln: University of Nebraska Press, 2015, p. 364.
② Jack Ross, The Socialist Party of America: A Complete History, p. 364.
③ Harvey Klehr, The Heyday of American Communism: The Depression Decade, p. 366；1938年5月，白劳德称美国共产党的党员和共青团员加在一起达到十万余人。

上解放工人阶级"的目标,并宣布资本主义与共产主义可以和平共处。甚至于,白劳德在1944年宣布解散美国共产党,改名为共产主义政治协会。即使该协会最终恢复共产党之名,美国共产党的影响力也不复当年了。因此,美国共产党并没有实现建党之初的共产主义目标。不仅如此,它还在实践过程中改变了对美国资本主义的看法,甚至在客观上"带领"工人走向与民主党的联合——这已经大大偏离了其宗旨和工人独立政治行动的目标。

由地方工会发起的工人党运动也因遭到劳联与产联领导层的反对,最终以失败告终。虽然1936年之后仍有地方工会坚持建立工人党,并立志要在1938年的中期选举中大获全胜。但到了1938年,工人党的支持者开始承认民主党对工人的影响力。"产联在1938年的匹兹堡大会上强制要求产联工会所有的政治行动都必须在现有的政治体系中进行"[1],这就否定了继续进行工人党运动的可能性。至此,美国工人改变了过去在选举中没有固定党派偏好的情况,在政治上建立起与民主党长达近四十年的联合。"只有在20世纪80年代至90年代,新政体系开始衰落和新右派力量壮大之后,工人运动的活动家才开始质疑工人与民主党之间的联盟,并重新提出工人党政治的思想。"[2]

总体来看,20世纪30年代美国社会党和共产党没能成为广大工人阶级所支持的政党,由地方工会发起的工人党运动也以失败告终。此后,美国社会党日渐衰落,美国共产党则在壮大的过程中逐渐偏离了阶级斗争的纲领,放弃了用革命来推翻资本主义制度的政治目标。在这一系列事件的影响下,工会和工人逐渐与民主党建立起长达多年的政治联盟。为了在选举中获得工人选民的支持,民主党确实提出并实施了一些有利于工人利益的政策,保障工人的合法权益。但是,工人与民主党之间长期的政治联盟致使之后建立工人党运动的任何努力都更加困难,也就决定了工人只能够依赖于资产阶级政党,在美国现有的政治体系和经济体系内提出自己的诉求,取得有限的成果。美国工人的独立政治行动背离了实现工人阶级在政治上独立的目标,从这个意义上来说,它是失败的。

---

[1] Eric Leif Davin, "The Very Last Hurrah? The Defeat of the Labor Party Idea, 1934–1936", p. 155.

[2] Kevin Powers, "Labor Parties", p. 464.

第二节 工人独立政治行动失败的原因

这一时期，美国工人独立政治行动的失败可以理解为以社会主义为目标的政治活动的失败，具体表现为社会党在力量上的日渐衰落、共产党对革命宗旨的日渐偏离和工人党运动的失败。因此，解释美国工人独立政治行动失败的原因可以先从具体史实出发，分别分析美国社会党衰落、共产党日趋改良化及工人党运动在当时失败的原因，继而对这些原因进行理论上的归纳总结。

一 历史层面的解释

（一）社会党衰落的原因

20世纪30年代，社会党的衰落体现在它对工人阶级影响力的弱化。有学者认为这在根本上是由于社会党的马克思主义意识形态背景。根植于欧洲社会历史经验的马克思主义并不适合在美国的土壤上发展壮大，而社会党却无法从马克思主义思想的范式中脱离出来，因此无法在大范围内吸引美国工人。[①] 这一观点有一定的解释力，却不完全正确。诚然，作为美国社会党的前身，社会主义劳工党主要由德国社会主义者组成。他们中有许多人甚至不会说英语，希望能够在美国发展起社会主义。他们不过是把美国当成欧洲社会的复制品，在许多时候忽视了美国社会的现状，也因此逐渐衰亡。但是，美国社会党自成立之时就已经是个根植于美国社会现实的政党，由社会主义劳工党中的右派和平民党的残余力量组成的。在20世纪初，社会党的主要成员都是本土美国人。[②] 成立初期，社会党的意识形态是马克思主义和小生产者共和主义（small producer republicanism）的结合。[③] 它既强调"阶级"和"阶级斗争"，又对社会的不平等表示质疑，呼吁更广泛的公民权利和更具生产力的劳动力市场。因此在具体的政策上，它既主张社会党通过选举获得政治权力，从而废除私有制度的长远

---

① Bertram Benedict, *The Larger Socialism*, New York: Macmillan, 1921, p. 192.
② Stanley Aronowitz, *False Promises: The Shaping of American Working Class Consciousness*, New York: McGraw-Hill Book Company, 1973, p. 142.
③ Anthony V. Esposito, *The Ideology of the Socialist Party of America*, 1901 – 1917, New York: Garland Publishing, 1997.

目标，也不忽视工人阶级的眼前利益。在1932年的党纲中，社会党虽然也提到了资本主义的灭亡问题，但更侧重于提出解决工人失业问题、废除罢工禁令、提供社会保障等切实议题。因此，不能简单地判定社会党对美国工人吸引力有限的原因在于马克思主义是"舶来品"，并不适合美国社会。正如莱纳德·罗森伯格（Lenard B. Rosenberg）所言："美国社会党产生于美国的工业实践。它存在的理由和它在选举政治中失败的理由都与美国的经济、社会、政治气候密切相关。虽然在信念和用词上，社会党是外国的；但在组织和具体的诉求方面，它实际上是美国条件和美国梦想的产物。"[①]

那么，为什么不论是在历史上还是在20世纪30年代，社会党都只获得了部分工人的支持呢？这与美国社会工人阶级的内部分化是密切相关的。虽然两大阶级的对立是资本主义社会的重要特征，但在这些阶级内部仍然存在着差异和分层。在美国社会，这种差异性更加复杂多样。除了存在熟练工人和非熟练工人的区分，作为一个移民国家，美国社会又有着大量来自西欧、东欧、南欧、亚洲甚至是南美洲的移民工人；随着奴隶制的废除和城市化的发展，不少黑人工人进入北方的工业领域，这又使工人内部产生了黑人工人和白人工人之分。工人内部的这些差异性有时候还是互相重合的。例如，大部分的黑人工人进入工业领域之后，只能够从事低技术水平的工作，因此多为非熟练工人。移民工人内部也存在着差异：来自英国、德国、爱尔兰等西欧国家的老移民多为熟练工人，而来自东欧国家的新移民则多从事些技术水平较低的工作。社会主义的信仰和语汇帮助社会党吸收了不少来自欧洲国家、参与过工人运动的移民，其平等主义的诉求也增强了社会党对收入水平和社会地位都较低的非熟练工人的吸引力。但是，移民之中又有着熟练工人和非熟练工人之分，非熟练工人之中又有着移民工人和本土工人，白人工人和黑人工人之分。因此，非熟练工人会因种族问题和民族问题而产生矛盾，而移民工人也可能因技术水平的问题产生竞争。所以在具体实践中，社会党很难同时吸引这两个群体中的所有工人。例如，虽然大部分的黑人工人都属于非熟练工人，而社会党在政策上也明确要求消除对黑人工人的歧视，但由于党员内部仍然存在严重的种

---

① Lenard B. Rosenberg, "The 'Failure' of Socialist Party of America", *The Review of Politics*, Vol. 31, No. 3, July 1969, p. 329.

族歧视问题，社会党也就难以对大部分的黑人工人造成影响。又如，社会党在成立之初吸引了许多移民工人，更侧重于同当时的无政府工团主义组织世界产业工人联盟合作。它也因此与劳联交恶，失去了来自美国本土的熟练工人的支持（但是，这部分工人又是当时美国工人的主力军）。随着世界产业工人联盟的衰亡，社会党开始更加重视美国的本土工人和熟练工人，开始加强同劳联的合作。1908年，社会党内有71%的美国本土工人和17.5%来自北欧和西欧的老移民。[①] 社会党在后来的政策中排斥"新"移民，认为来自南欧和东欧的新移民无法被组织起来；但是，自1901年起，来自南方的工人和东欧移民（大多数都是非熟练工人）构成了国家工业中心的很大部分——如此一来，社会党又与美国工人阶级中的一个群体相脱离了。

到了20世纪30年代，美国工人阶级内部的分化情况又有所改变。首先，移民工人的数量减少，早期移民也逐渐习惯并融入美国的生活之中。1917年的美国移民法限制了"亚洲禁区"，并规定16岁以上移民需通过文化水平测试，很大程度上限制了移民人数的增长：美国每年入境的移民数量从1910—1914年的1034940人减少到1925—1929年的304182人，下降了70.6%。[②] 1930年，美国社会中的移民人口仅占总人口的11.6%，到1940年该比例减少为8.8%。[③] 在这些移民当中，已有不少人成为正式的美国公民。仍以1930年为例，当时美国社会中出生于国外的人口有14204149人，其中已经入籍的有7919536人，占所有外来移民人口的55.8%。[④] 到了20世纪三四十年代，多数移民已经能够熟练掌握英语，他们的后代也已经带上了深刻的"美国化"印记。不仅如此，每年仍有不少外来人口（包括未入籍的和已入籍的移民）离开美国。例如，美国在1932年接纳了139295名非移民的外国人，而同年离开美国的移民人口达到了103295人。[⑤] 随着移民人口的减少和老一代移民的美国化，这部分工人对社会党的支持也就减少了。此外，虽然南方的黑人工人在20世

[①] Charles Leinenweber, "The American Socialist Party and New Immigrants", *Science & Society*, Vol. 32, No. 1, Winter 1968, p. 1.

[②] Irving Bernstein, *The Lean Years: A History of the American Worker 1920 – 1933*, p. 50.

[③] Bureau of Census, *Historical Statistics of the United States*, 1789 – 1945, Washington D. C.: U. S. Government Printing Office, 1949, p. 30.

[④] Bureau of Census, *Historical Statistics of the United States*, 1789 – 1945, p. 32.

[⑤] Bureau of Census, *Historical Statistics of the United States*, 1789 – 1945, p. 38.

纪20年代的机械化和城市化浪潮中大量涌向北方的金属业和汽车业等对工人技艺要求较低的产业之中，但大多数黑人工人仍然是留在南方各州。1930年，在东北部各州的黑人人口与该地区白人人口比仅为3∶100，在西部各州该比更是仅为1∶100，只有在南方地区，黑人人口与白人人口的比达到了33∶100。[①] 在城市中，特别是在对技艺要求较高的手工制造业中，仍然是以本土的白人工人为主。而社会党的力量主要集中在北方的工业城市之中（密尔沃基、芝加哥、纽约等），无法集中力量去组织南方的黑人工人，也就难以吸引占据非熟练工人较大比例的黑人工人了。虽然大萧条使不少美国本土工人向社会党靠拢，但他们多为失业工人。他们在抗议斗争中接受社会党的帮助与领导，却在选举中倾向于力量强大、能够帮助他们解决失业问题的民主党，并在罗斯福新政之后成为民主党坚定的支持者。

其次，社会党与劳联之间的疏离甚至是相互敌视的关系在很大程度上限制了社会党对美国本土熟练工人的吸引力。社会党从一开始就是一个支持工会运动和独立政治运动的政党。在1901年的成立大会上，社会党声明："工会运动和独立的政治行动是解放工人阶级的两个要素。工会运动是资本主义生产的自然产物，代表着工人阶级运动的经济层面。我们认为，社会党人有责任加入他们所在的行业的工会，并帮助建立起和团结产业组织及劳工组织……我们希望工会主义者意识到这个事实，即虽然工会主义者所发起的宏大的阶级抗争可能会减少对工人的剥削，但永远无法消灭剥削……每个工会主义者应该意识到开展具有阶级意识的独立政治运动的必要性，应该加入社会党，帮助建立起工人阶级强大的政治运动……"[②] 但在建党初期，社会党强调同当时更为激进的世界产业工人联盟合作，认为劳联工会是保守而落后的。由于世界产业工人联盟与劳联之间存在竞争与对立关系，这在一定程度上导致了劳联对社会党的敌视。随着世界产业工人联盟的衰亡，劳联成长为美国社会中最大的工人组织，是制造业中熟练工人的工会联合，多以本土白人工人为主。虽然社会党希望能够控制工会并带领工人参与独立的政治运动，却遭到了坚持"简单工会主义"

[①] 以上数字根据美国白人人口与黑人人口统计表计算得出，详细可参考 Bureau of Census, *Historical Statistics of the United States*, 1789–1945, p. 27.

[②] "The Socialist Party: Indianapolis Convention Effects Union of All Parties Represented in Response to Call of the Social Democratic Party", p. 2.

(pure and simple unionism)的劳联工会领导层的坚决反对。他们拒绝介入到政治运动之中,认为工人运动的目的是为了保证所有工人得到更好的生活——在更好的工作条件下,耗费较少的工时来获得更高的工资。[①] 劳联的奠基人和重要领袖龚帕斯指出:"美国工人运动并非要推翻私有财产。它把私有财产看作是保证个人获得独立和富有的机会的必要机制。"[②] 工人运动的目标在于进行集体谈判和更高的工资这类"近在眼前的、与面包和黄油相关的事物"[③],而不是那些关于理论的不切边际的东西。他认为,工人运动必须依靠工人阶级的努力来推动,必须防止那些不属于该阶级的成员对工人运动提出建议或进行自上而下的帮助。[④] 但劳联所奉行的"简单工会主义"也非与生俱来的,而是在美国工会运动的发展过程中逐渐形成,并日渐顽固。以龚帕斯为例。他最初也是一位赞同阶级斗争理念的社会主义者,但在1900年之后,经历过社会主义劳工党与劳工骑士团之间的合作,无政府主义者的暴力活动破坏劳工运动及社会党某些派系采取双重工会主义策略等历史事件,龚帕斯对社会主义开始愈加抵触,甚至强烈反对。美国工会运动的历史经验使龚帕斯确信"只有在经济领域内展开运动,不参与独立的政治运动,不追求所谓的终极目标,工会主义才可能在美国发展起来"[⑤]。由于劳联工会对社会主义和独立政治运动的普遍抵制,社会党人只能采取从内部突破的方法对工人造成影响,往往只能在一些欧洲移民聚集的产业(如女装制造业)或者受压迫剥削较为严重的产业(如采矿业)中对工人产生较大影响。

再次,20世纪30年代的社会党正处于衰落后的恢复期,这在一定程度上限制了它在当时可能产生的影响力。建立于1901年,社会党的巅峰时期在20世纪的前十几年。在1910年密尔沃基市的选举中,市长、七名市长老议员、两名民事法官和地方检察官都来自社会党。[⑥] 但是,社会党在国际事务上坚持国际主义,对"一战"采取了激烈的反战态度,这使得它失去了许多民众的支持。同时,俄国十月革命的成功鼓舞了社会党内

---

① Louis S. Reed, *The Labor Philosophy of Samuel Gompers*, p. 11.
② Louis S. Reed, *The Labor Philosophy of Samuel Gompers*, p. 21.
③ Louis S. Reed, *The Labor Philosophy of Samuel Gompers*, p. 26.
④ Louis S. Reed, *The Labor Philosophy of Samuel Gompers*, p. 27.
⑤ Louis S. Reed, *The Labor Philosophy of Samuel Gompers*, p. 74.
⑥ Jack Ross, *The Socialist Party of America: A Complete History*, pp. 117–118.

的左派人士（而且这部分党员中有许多是来自欧洲的移民），他们认为社会党应该放弃原有的温和政策，通过革命手段来推翻资本主义。这部分党员于1919年从社会党分裂出去成立美国共产党，也在很大程度上削弱了社会党的力量。此外，战争结束之后政府对左派分子的恐怖镇压，使社会党的规模和影响力更被大大削弱了。虽然大萧条给社会党带来了重新发展的机会，但有限的人员和资金限制了社会党的工作范围。从1931年起，社会党投入了大量的精力来解决失业工人的救济问题，也就难以在竞选过程中投入更多的力量；1932年，诺曼·托马斯（Norman Thomas）仅靠大约25000美元的预算在38个州进行竞选演说，其中在新英格地区的10天旅程仅花了55.45美元。①

另外，社会党内部的党派之争是造成20世纪30年代社会党日益没落的重要原因。针对"社会党是否应该在新形势下坚持原有的路线方针""是否应该同共产党进行合作""是否应该接受托洛茨基主义者入党"等问题，美国的社会党人产生了重大分歧。早在1932年的选举临近之时，社会党内部已经分化成了6个党派，分别为伯纳德·约翰波尔（Bernard Johnpoll）为首的右派，他们的观点最为保守；以莫里斯·希尔奎特（Morris Hillquit）为领导的"守旧派"（Old Guard），他们坚持正统的马克思主义立场，通过影响工会运动和选举运动来推翻资本主义制度，对苏联、共产主义及共产党的激进政策持反对态度，这支力量得到了纽约地区之外大部分党内元老的支持；由诺曼·托马斯及其亲信组成的"略左"的一派，他们与守旧派的观点类似，但对苏联的宽容度要高些；由青年社会主义者组成的激进派主张社会党应该公开表示对苏联绝对友好的态度，其观点与1910年时的左派类似，蔑视选举政治，并不顾后果地把欧洲的经验直接运用于美国；由马斯特（A. J. Muste）领导的一派，他们基本上是公开的革命社会主义者，但对苏联的支持要低于激进派。② 但总体而言，这6个派别可以分为坚持传统路线的右派和要求采取更为激进手段的左派。左派党员认为社会党应该与共产主义者进行合作，而右派则表示坚决反对——这种党派之争所造成的纠纷和不确定性既损害了党内的团结，

---

① Jack Ross, *The Socialist Party of America: A Complete History*, p. 322.
② Jack Ross, *The Socialist Party of America: A Complete History*, pp. 310–317.

又给美国公众对社会党的认知造成混乱。① 社会党内部的激进主义者在这一时期公开抨击右派，不仅造成思想上的混乱，还在实际上造成党的力量分化。例如，1931 年，激进派公开发文抗议党内的保守派，认为他们"为了维持民主共和国而牺牲革命，并为此坚持容忍资本主义的政策"②，警告这可能会产生与德国相同的后果。当共产党转向"人民阵线"，不少激进派积极同其合作，甚至转向了共产党的阵营。马斯特派则在 1934 年公开表示要建立一个新的美国工人党（American Workers Party），抨击美国社会党已经不是一个"革命的政党，而是一个改良与和平主义的政党"③。美国工人党的建立直接导致了马斯特及其支持者被开除出布鲁克伍德工人大学的教职团体。此外，1934 年的社会党代表大会上，激进派的力量已经与守旧派不相上下——当时，要求用革命群众专政来摧毁资本主义国家的决议仅以微小的差距被否决；会后，《纽约时报》的头条刊登了《左派控制了社会党》的新闻，这使民主社会主义联盟改名为保卫社会党委员会，并公开声明"社会党将忠于自己的原则、理想和使命"④。诸如此类的纠纷与对抗频频发生，不论是对社会党在 1936 年的选举还是对其在美国公众心中的形象都产生了负面影响。

除此之外，社会党与共产党之间的敌对与竞争关系并不利于社会党的发展。不仅共产党的成立削弱了社会党的力量，共产主义的意识形态和 20 世纪 30 年代美国共产党的策略改变也吸引了社会党内的激进分子，促使他们在实际活动中与共产党人合作，甚至离开社会党。在 20 世纪 30 年代初，共产党仍然坚持"第三时期"路线，抨击社会党为社会法西斯主义分子，并经常破坏社会党的集会活动；而在共产党转向"人民阵线"之际，又经常甚至通过人民阵线来深入社会党所控制的工会中，夺取社会党人原有的领导地位。例如，1934 年 2 月 16 日，社会党人及其工会联盟在纽约麦迪逊广场花园的集会抗议遭到约五千名共产党人的破坏。他们在集会中喝倒彩，妨碍集会的进行；社会党人又因愤怒将共产党人从露台上扔了出去，双方因此还发生了暴力冲突。这件事情极大地损坏了社会党人

---

① Lenard B. Rosenberg, "The 'Failure' of Socialist Party of America", *The Review of Politics*, Vol. 31, No. 3, July 1969, p. 335.
② Jack Ross, *The Socialist Party of America: A Complete History*, p. 311.
③ Jack Ross, *The Socialist Party of America: A Complete History*, p. 339.
④ Jack Ross, *The Socialist Party of America: A Complete History*, p. 350.

的名誉,许多激进主义者认为社会党人和共产党人不管是在政治还是道德上都存有缺陷。① 当1935年共产党转向"人民阵线"路线时,他们又努力夺取对农民—工人党运动的领导权,并把一些曾经追随社会党的民主人士,例如著名的小说家辛克莱尔,吸引到共产党一方。而这些转而支持共产党的原社会主义党人又在1939年《苏德互不侵犯条约》签订之后对共产主义——甚至是社会主义——幻灭了。

最后,罗斯福新政也是导致社会党在当时失败的一个关键原因。大卫·香农(David Shannon)指出:"总体而言是罗斯福导致了社会党的溃败。"② 诺曼·托马斯也曾把社会党的衰落归结于"罗斯福"这个名字,认为正是因为他美国才从"国家资本主义"国家转为福利国家,社会主义组织的力量才受到削弱。③ 这种说法夸大了罗斯福的作用,但1932年罗斯福的当选确实在一定程度上"阻碍"了社会党在30年代的发展。不过,这并非罗斯福或民主党本身所造成的,而是由于罗斯福新政的实施及其成果所带来的效应——新政使工人们开始认同民主党,不少社会党人、工会主义者和共产党人为了保证新政的政策,特别是其中有利于劳工运动的政策,能够继续实施而在1936年的选举中支持罗斯福。而且,新政的出台并非罗斯福一人之功劳,它是在经济危机爆发之后,社会上的动乱、工人的反抗和左派及民主人士的呼吁声中出台的。1932年民主党的竞选纲领与社会党竞选纲领的具体措施并无太大区别,都包括了失业工人的救济补助、医疗保险、解决失业问题等,只不过民主党所采用的语言不如社会党那般有鲜明的"阶级"色彩,它所能够吸引的也就不仅仅是工人群体,还包括一些知识分子和开明的资产阶级。

虽然有学者把导致社会党失败的原因划分为内部因素和外部因素,或政治、经济和社会因素,④ 但笔者以为,我们很难把上述几个原因进行如此区分——因为它们之间并非独立地对社会党产生影响,而是相互联系、层层相扣的。例如,劳联与社会党之间疏离在某种意义上也是美国工人阶级内部分化的体现;罗斯福新政不仅对社会党在1936年的选举产生影响,

---

① Jack Ross, *The Socialist Party of America: A Complete History*, p. 339.
② Jack Ross, *The Socialist Party of America: A Complete History*, p. 328.
③ Lenard B. Rosenberg, "The Failure of Socialist Party of America", *The Review of Politics*, Vol. 31, No. 3, July 1969, p. 344.
④ Lenard B. Rosenberg, "The Failure of Socialist Party of America", p. 344.

也在一定程度上加剧了社会党内部的派系之争——与激进派对罗斯福的支持态度相比,诺曼·托马斯在1936年竞选时仍然坚信"新政已经失败了,并将迎来新的战争伤亡或新的经济危机"①。共产党与社会党之间不仅存在竞争,其政策变化也加剧了社会党内的派系之争。

总结来说,社会党日渐衰落的原因如下:首先,与工会运动因历史经验而形成的长期疏离关系在很大程度上制约了社会党所能够吸引的党员规模;其次,20世纪20年代美国社会对左派人士的镇压和社会党内左派人士的脱党造成社会党的日渐衰落,人员和资金的不足又阻碍了它在竞选活动中进一步宣传自己,扩大自己的影响力;再次,20世纪30年代,社会党内部还因国际问题(包括对苏联的态度、对战争的态度)和国内问题(对共产主义的态度、对共产党的态度、对新政的态度等)而发生巨大分歧,对党的团结造成威胁,也使大众对社会党产生混乱;最后,1932年罗斯福的当选及其之后的新政使社会党逐渐"边缘化",并夺去了在经济斗争中得到过社会党帮助的失业工人的支持和历来敌视激进主义政治的劳联工会的支持。

然而,社会党的衰落不仅仅是社会党自身能力与政策的问题,还关乎美国工人的选择问题。内部存在着复杂分层的美国工人阶级在政治上面临着多种选择。早期,来自于西欧社会中参加过社会主义运动的移民工人和在美国本土的非熟练工人因生活水平和社会水平的低下而对社会产生疏离感和愤慨,因此更容易被社会党的社会主义言辞和平等主义的目标所吸引。但本土的熟练工人因较高的工资水平和生活条件更希望保持现状,拒绝激进主义政治,加入坚持"简单工会主义"的劳联。随着时代的发展,工人阶级的分化情况也发生了改变。新移民的减少和老移民的美国化使社会党原有的群众基础缩小了,劳联的长期敌视迫使社会党不得不在大规模生产行业中的非熟练工人当中寻求支持。而对于这部分工人而言,他们又需要在社会党与共产党之间做出选择。在大萧条时期,失业工人虽然得到了社会党人的帮助,但出于对自己未来生活的考虑,他们选择了在劳工政策上与社会党相近但力量更为强大的民主党;劳联和产联工会为了保障工人合法组织工会的权利,也倾向于选择罗斯福的民主党。

---

① Jack Ross, *The Socialist Party of America: A Complete History*, p. 376.

（二）美国共产党日趋改良化的原因

相较于社会党，美国共产党在20世纪30年代正处于鼎盛时期。毫不夸张地说，当时的环境要比历史上任何一个时期都有利于共产党在美国的发展。"党内并未出现过什么大的分裂。政府对共产党的压制远不如过去或之后的岁月里那样系统化和有效。美国的经济、政治和社会体制都在经历着巨大变革。对苏联的敌意也远不如20世纪20年代或冷战时期那样强烈。"① 进入30年代，在开除了托洛茨基主义者和洛夫斯顿主义者之后，困扰美国共产党多年的党内宗派主义斗争基本上已经消失。虽然个别人士针对领导权和具体事务的问题有过矛盾，但多数领袖都支持以斯大林为领导核心的共产国际的路线，在对美国工人阶级革命形势的判断和对工会运动的态度上也比较一致，因此，从这个意义上来看，宗派主义已经不再是制约当时共产党发展的重要因素。② 同时，与20世纪20年代相比，政府对左派人士的镇压力度有所减弱；经济危机的爆发致使许多工人的思想变得更加激进，反而对苏联有所向往。在政治、经济和文化环境都有利于共产主义在美国发展的情况下，美国共产党的党员规模得到了大幅度扩大。福斯特指出，1929—1933年，美国共产党党员从9642人增加到18000人。③ 历史学家哈维·克莱尔指出，1930年时美国共产党的党员数大约有7545人，到了1931年增长到9219人。直至1932年才冲破了10000人大关，并在1932年的总统选举之后增长到了18119人。虽然党员人数在1933年又减少到了14937人，但到了1934年，党员人数又迅速增长到26000人。④ 虽然二者给出的数字有所不同，但基本上可以看出：1929—1933年，美国共产党的规模确实是在扩大的。到1935年，党员数有30000多人；至1938年年底，党员已达82000人。⑤ 但是，这个过程也是美国共产党日趋改良的过程。在20世纪30年代，美国共产党不仅在路线方针上发生改变，走向联合社会党、工会及民主党的"人民阵线"，还日

---

① Harvey Klehr, *The Heyday of American Communism: The Depression Decade*, p. 416.
② 不过，早期党内的宗派主义斗争导致共产党在成立的前十年里发展缓慢，难以在美国工人阶级当中造成较大的影响，这在一定程度上制约了它在后续发展过程中所拥有的规模基数。但只有在这个意义上来讲，党内的宗派主义才能被看作是影响美国共产党在20世纪30年代进一步发展的原因。
③ ［美］威廉·福斯特:《美国共产党史》，第312页。
④ Harvey Klehr, *The Heyday of American Communism: The Depression Decade*, p. 91.
⑤ Harvey Klehr, *The Heyday of American Communism: The Depression Decade*, pp. 365 – 366.

渐偏离"推翻资本主义制度,建立无产阶级政权"的宗旨。在1936年的总统选举中,美国共产党推出总统候选人不过是为了防止共和党候选人获胜,以确保罗斯福的连任;在1944年,美国共产党更是宣布解散。美国共产党的日渐改良化在客观上推动了工人阶级走向与民主党的联合,导致工人独立政治行动的失败。

笔者以为,美国共产党日趋改良化的过程是它根据美国和国际社会的现实进行政策调整的结果,也是发源于落后俄国的列宁主义在发达资本主义国家中发展的必然结果。

建党之初,美国共产党就是个意识形态明显的革命性政党。它坚持党的基础必须是无产阶级,并不热衷于招募知识分子。在大萧条时期,许多知识分子对资本主义制度失去信心,在思想上变得更为激进。约翰·里德（John Reed）俱乐部吸引了不少激进的知识分子,并致力于把共产主义思想传播给工人;红色小说在1932年开始盛行,抨击了资本主义的弊端,并宣传了社会主义思想。然而,虽然遇到了能够吸纳激进知识分子的机会,美国共产党依旧因为知识分子的阶级成分而对他们心存怀疑,认为他们当中绝大多数会走向法西斯主义或社会法西斯主义的道路,只有少数有着无产阶级背景的知识分子才是真正革命的共产主义者。因此,在20世纪30年代这个有利的历史时期内,共产党人并没有抓住机会接纳整个知识分子群体,而只是吸收了其中的一小部分。此外,不论是党纲还是竞选纲领,美国共产党所使用的都是阶级语言。在1928年的竞选纲领中,美国共产党（当时称为工人党）不仅谴责资本主义制度,还谴责包括摩根家族和洛克菲勒家族在内的个体资本家,同时声明自己是"阶级斗争的政党",要求停止对黑人、移民和妇女的歧视,纲领中还加入了救济失业者、给予工人免费医疗、免费的大学教育等条款。[①] 到了1932年,共产党在竞选纲领中呼吁进行一次通向"苏维埃美利坚合众国"的革命,称自己代表的是"包括产业工人、受迫害的黑人和辛苦的农民在内的受压迫的人民群众"[②]。这种阶级色彩鲜明、激进革命的竞选纲领的受众有限,难以引起白领工人和美国本土工人的共鸣。所以在20世纪30年代初期,

---

① Allison L. Hurst, "Languages of Class in US Party Platforms, 1880-1936", *Journal of Historical Sociology*, Vol. 23, No. 4, December 2010, p. 555.

② Allison L. Hurst, "Languages of Class in US Party Platforms, 1880-1936", p. 556.

美国共产党的力量并没有迅速增强。

而且，美国共产党的组织结构、党员生活的繁杂与僵化以及党路线方针的不断变化导致了其党员的不稳定性，这在很大程度上限制了20世纪30年代美国共产党规模扩大的程度。美国历史学家哈维·克莱尔指出："美国共产主义的发展史在很大程度上是成员流失的历史。"① 对共产党而言，招募新党员并不困难，困难的是留住这些党员。从1929年12月至1930年7月，美国共产党招募了7178名新党员，却在同时流失了5210名老党员。② 这就使美国共产党的力量很难迅速增强。

一方面，美国共产党党内生活的枯燥、繁忙与缺乏民主性使许多党员选择退党。对美国公民而言，加入民主党和共和党不过是在选民登记表上勾选自己所支持的政党，并不需要承担其他的义务与责任；但加入共产党则意味着繁多的责任与义务。党员不仅要缴纳党费，还被要求把所有的业余时间奉献给党。他们每周都不得不牺牲自己的休息时间参与一次党会，就相关问题进行讨论、决议，而这些会议又存在着被管理层垄断的问题。在党会上，基层党员所做的通常就是接受领导层下达的"指令"，这也令许多党员"无法忍受"。③ 另一方面，20世纪30年代美国共产党频繁的政策变化虽然使党员规模获得一定程度的扩大，却也使不少党员因此而脱离共产党。20世纪30年代，美国共产党的总体策略与共产国际的路线方针基本保持一致，经历了从"第三时期"路线到反法西斯的"统一阵线"（United Front）和"人民阵线"（People's Front），再到"民主阵线"（Democratic Front）的转变。遵循"第三时期"的路线，共产党积极动员并组织失业工人，因此在这一时期，党员中有很大一部分是失业工人。到1934年，2/3的党员失去了工作。④ 然而，随着美国共产党政策向"人民阵线"转移，共产党人开始把注意力转向了劳联工会中的工人及白领工人阶级，并解散了原有的工会，促使许多党员脱离共产党。随着反法西斯统一战线政策的确立和产联从劳联中独立，共产党人深入到坚持产业工会主义的产联工会中，帮助组织并领导工人进行罢

---

① Harvey Klehr, *The Heyday of American Communism: The Depression Decade*, p. 91.
② Harvey Klehr, *The Heyday of American Communism: The Depression Decade*, p. 92.
③ Harvey Klehr, *The Heyday of American Communism: The Depression Decade*, pp. 154–159.
④ Harvey Klehr, *The Heyday of American Communism: The Depression Decade*, p. 378.

工，发挥了重要的作用。这时，许多工人又加入了共产党，却在1939年因美国共产党转向支持《苏德互不侵犯条约》，反对美国加入欧洲战争而失望退党。

这事实上也说明了，在20世纪30年代，美国共产党党员规模的扩大在很大程度上只是由于其政策变化贴近了当时美国的现实情况而导致的，并非由于美国工人阶级对美国共产党纲领认可度的提高或对共产主义的坚定信仰。这些因美国共产党的政策变化而被吸引加入的党员往往非常容易脱离共产党，只有那些坚定地信仰共产主义的"铁杆"（hard-core）党员才会积极参与党的日常活动，且不因共产党政策的变化而轻易退党。但是，当美国共产党的意识形态越发"右倾"，当美国共产党在具体政策的实施过程中逐渐偏离正统的共产主义而走向与自由主义的联合，当美国共产党在"二战"期间宣布解散时，这部分"铁杆"党员又是最受到打击的。

同时，受制于美国共产党与共产国际及苏联之间的密切联系，它很难能够对绝大多数的工人产生持续的吸引力。美国共产党的成立与俄国十月革命的胜利密切相关。社会党中的左派人士相信在美国也可以发动起如俄国那样的革命，仅凭少数人的力量就可以推翻资本主义制度。加入共产国际之后，美国共产党和欧洲其他国家的共产党一样，在许多政策上与共产国际保持一致，且毫不掩饰这种关系。这使不少美国本土工人阶级倾向于认为美国共产党是一种"舶来品"。同时，美国共产党早期的成员构成也加深了这一印象。在成立初期，鉴于多数党员都是出生在国外的移民（特别是来自斯拉夫国家），美国共产党在很大程度上脱离了美国本土工人的生活。即使后来它与共产主义劳工党合并了，到1925年，仍有2/3的党员是用各种不同的语言登记注册的，只有5000人能说英语；虽有225000人阅读共产党的外文报刊，但党的英文刊物的读者数仅有不到1/10。[1] 虽然在大萧条之后，美国共产党的新进党员中有许多是本土的白人工人，但他们多属于失业工人，难以对占绝大多数比例的在业工人产生影响。而为了吸引这些失业工人，美国共产党又不得不改变自己"发动阶级斗争，推翻资本主义制度"的激进口号，转向寻求"失业救济和补助"

---

[1] Harvey Klehr, *The Heyday of American Communism: The Depression Decade*, pp. 4 – 5.

之类的直接利益。在20世纪30年代，美国共产党虽然也吸引了不少白领工人和专业人士入党，但他们又多是犹太裔美国人。①

美国共产党在许多时候因苏联的行为而遭受负面影响和舆论的谴责。例如，由于俄国十月革命的胜利和美国国内激进主义力量的增强，政府开始镇压革命者，并在1919年发起了帕尔默大搜捕，这使得刚刚成立的美国共产党不得不转入地下进行秘密活动。1939年，美国共产党在《苏德互不侵犯条约》签订一事上捍卫苏联立场直接导致了大量的共产党员退党。② 此外，苏联在20世纪30年代的大清洗运动使美国共产党因此遭受民主人士的批判。社会党人诺曼·托马斯更因此在许多场合对共产主义大肆批判，也因此对美国共产党持坚决的反对态度。这些事件使得美国共产主义运动史学界的许多学者认为，美国共产党失败的根源在于"相信苏联是社会主义梦想的具体体现，相信捍卫苏联免受资本主义国家和帝国主义国家摧毁是自己的第一要务……愿意为了苏联而牺牲其他利益"③。所以，它所遭遇的困境与挫折在根本上是受到"外部力量的影响"，而"不是针对美国社会或共产党内部的任何变化所做出的回应"④。

但这种观点并不完全正确。事实上，鉴于上述的几个原因，在很长的一段时间内，美国共产党的党员规模无法得到大幅度扩大。作为一个代表工人阶级的政党，要想获得选举上的胜利，美国共产党必须得到工人阶级，特别是美国本土工人阶级的支持。为此，美国共产党领导人在20年代起就已经开始有意识地令美国共产党的政策更加结合美国社会的现实，而不仅仅是听从于共产国际的指挥。

美国共产党历史上所谓的"洛夫斯顿例外论"就证明了这一点。到20世纪20年代中后期，美国共产党领导人已经意识到美国帝国主义的繁荣使得工人阶级产生了分化，工人贵族力量的增强导致工人阶级之间的差

---

① Nathan Glazer, *The Social Basis of American Communism*, New York: Harcourt, Brace & World, Inc., 1961, p.147. 美国共产党在20世纪30年代所招募的白领工人和专业人士中有许多都是犹太移民，这与不少二代犹太移民在当时开始转向从事教师、律师等工作有关。而犹太人愿意加入共产党的原因，与他们在工作中受到的歧视有关，与德国对犹太人的种族屠杀及德国对苏联的侵略有关，同时也与犹太人的自由主义和社会主义倾向有关。详细可参考 Nathan Glazer, *The Social Basis of American Communism*, pp.147-150.
② 具体可参见丁金光《白劳德评传》，甘肃人民出版社2003年版，第61—70页。
③ Harvey Klehr, *The Heyday of American Communism: The Depression Decade*, p.416.
④ Harvey Klehr, *The Heyday of American Communism: The Depression Decade*, p.415.

距日益扩大，阻碍了美国社会主义运动的进一步发展。① 因此，以洛夫斯顿为代表的党内领导虽然坚信社会主义革命必将在美国发生，却认为当时的美国还不具备进行工人阶级革命的条件，这实际上正是在对美国国情加以考察的基础上所得出的结论。此外，虽然"白劳德作为斯大林所领导的共产国际的追随者开始了对美国共产党的领导"②，也未曾直接反对过共产国际的政策，但是在20世纪30年代后半期，白劳德就开始不断地努力使共产主义"本土化"，在美国的历史上寻找激进主义的痕迹，并把"共产主义者与1776年的爱国主义者和19世纪的废奴主义者联系在一起，在共产党的集会上，把杰斐逊和林肯的肖像与马克思和列宁的肖像放在一起"③。白劳德在20世纪30年代中后期所提出的"共产主义就是20世纪的美国主义"受到了莫斯科方面的批判，但这并没有阻止他使共产主义美国化的努力和行动趋势，并在1944年宣布美国共产党独立于莫斯科和传统的马克思主义。

即使在总体方针上追随着共产国际的指导，在具体的实践中，美国共产党还是根据国内的情况进行调整的。例如，在大萧条时期，美国共产党虽然采取的是"第三时期"路线，将社会党和劳联工会视为法西斯，停止在劳联工会内部发展党员，成立共产党领导的工会，大力招募工人入党，为即将到来的革命做好准备。然而，具体的组织实践和微弱的效果让美国共产党在1932年时就改变了早先"大胆革命的姿态"④，转而关注工人阶级在日常生活中直接、实际的要求。在帮助失业者时，他们不得不暂时放弃革命、激进的口号，为失业者谋求救济和补助等更加切实的利益。此外，当共产国际在1934年要求美国共产党取消"双重工会"的做法，让革命工会与改良主义工会进行联合时，并非所有从属于美国共产党领导的工会联盟的工会都选择与劳联工会合并。在那些劳联工会力量薄弱而共产党所领导的工会拥有强大群众基础的工业领域中，共产党所领导的工会

---

① Jay Lovestone, "Imperialism and the American Working Class", *The Workers Monthly*, March 1926, pp. 203–206.

② James Gilber Ryan, "The Making of a Native Marxist: The Early Career of Earl Browder", *The Review of Politics*, Vol. 39, No. 3, Jul. 1977, pp. 333–334.

③ James Gilber Ryan, "The Making of a Native Marxist: The Early Career of Earl Browder", p. 334.

④ Harvey Klehr, *The Heyday of American Communism: The Depression Decade*, p. 86.

拒绝将领导权交给劳联工会。① 这些例子都证明了美国共产党并非完全按照共产国际的指示行动，他们依旧关注美国自身的国情，并根据情况调整自己的具体策略。

同时，美国共产党在20世纪30年代中后期深入产联工会进行组织工作，更是加强了它与工人阶级之间的联系，并使美国共产党的规模得到迅速扩大。左派政党的政治运动同工会运动之间的分裂是美国工人运动的一大特色。与社会党类似，共产党早期与劳联工会之间的关系并不亲密。这自然与劳联对激进主义者的敌视与抵制有关，也与共产党人本身有关。美国共产党坚持要在美国发起反对资本主义的革命，认为劳联工会是保守、落后的，对其采取疏离并敌视的态度。建党初期，共产党中大多数都是有着政治思维而缺乏组织经验的党员，因此即使当美国共产党想要深入劳联工会内部去发展其力量时，他们也没有什么能力去执行这一政策。② 在大萧条初期，美国共产党放弃了早先从劳联内部突破来发展党员的做法，走向"双重工会"主义，在已有劳联工会的行业中建立起由共产党人领导的工会与之竞争，这又使共产党与劳联工会的关系进一步恶化。因此，在很长一段时间内，美国共产党与劳联工会的关系是比较疏远的。但在1935年之后，美国共产党再次把重心转向动员工会的工人力量。此时美国共产党团结的主要是产联工会的力量，帮助他们进行工会的组织工作，并在汽车工人工会、钢铁工人工会及国际妇女服装制造工人工会中占据重要地位。鉴于工会的目的就在于保证工人的直接利益，调整劳资矛盾，而不是消灭剥削。因此，在工会力量远远强于左派政党力量的情况下，美国共产党是无法在思想上控制产联工会的。他们只能够通过在口号和纲领上变得更加温和，来获取工人对自己的支持。甚至还有不少共产党人隐瞒自己的党员身份参与工会工作。正是在这样的过程中，日渐强大的美国共产党逐渐淡化了激进主义的色彩，走向改良主义的方向。

综合来说，作为一个工人阶级的政党，美国共产党政党纲领和竞选纲领的阶级语言限制了其在美国所能够吸引的群体范围，而它对工人阶级政党的教条式的坚持也使他们错失了吸收大部分思想激进的知识分子的机会。由于党内生活的繁杂和不民主，以及政策的频繁变化，美国共产党的

---

① Harvey Klehr, *The Heyday of American Communism: The Depression Decade*, p. 132.
② Theodore Draper, *The Roots of American Communism*, p. 304.

党员并不稳定，这在很大程度上制约了它的影响力。美国共产党与苏联之间的密切关系容易使美国本土工人阶级把它看成"外来"的政党，并经常因为苏联的行为而遭受指责甚至压制。为了改变这样的情况，美国共产党结合美国社会的现状，对自己的政策进行调整。在这个过程中，他们深入产联工会，为产联的发展壮大做出了贡献，并扩大了自己的影响力，却牺牲了自己在政治上的独立性与激进性，最终演变为一个具有自由主义、改良主义色彩的政治团体。

这实际上是共产主义在发达资本主义国家的共同命运。同法国共产党和意大利共产党一样，美国共产党所信仰的共产主义实际上是发源于资本主义不发达的俄国的列宁主义，是马克思主义在不发达条件下的产物。由于列宁主义采取了马克思主义的语汇，由于俄国十月革命是以西方工人运动的一种意识形态之名所发起的，因过去所经历的种种失败而感到失望的部分美国社会主义者开始把目光转向了俄国，"相信俄国革命的社会主义和无产阶级性质，并认为布尔什维克的革命方法适用于自己的需求"①，因此他们才会加入共产国际，并心甘情愿地接受共产国际的指导。但是，美国的共产主义者注定不是也不可能是真正的列宁主义者。那些坚定的美国共产主义者大多是来自欧洲、经历过社会主义运动的移民工人，他们在经历过欧洲革命的失败之后，希望能够在美国这片土地上实现自己的革命理想；还有些是把俄国革命看作是美国必将发生的革命之范式的知识分子，他们错误地相信俄国革命是无产阶级的社会主义革命，也将在美国发生。然而，在工业化水平较高的美国资本主义社会中，美国共产党无法从像俄国社会中那样具有革命可能性的农民中寻找群众基础，②也不可能像布尔什维主义者那样，主张在已经实现工业化的美国社会里实现工业化。鉴于手工业和产业工人在美国社会中不管在数量上还是力量上都占据着重要地位，美国共产党自然会从工人阶级中寻找群众基础。但与俄国社会不同的是，美国的工会主义力量极为强大，加入工会的工人们拒绝通过政党

---

① John H. Kautsky, *Marxism And Leninism*, *Not Marxism-Leninism*, London: Greenwood Press, 1994, p. 72.
② 美国的农户（farmer）并不是俄国意义上的农民，他们耕种的是自己的土地。在美国共产党成立时，美国的农业较为繁荣，因此也不存在具有革命性的"农民"。而随着美国农业的萧条，农场工人的境况确实要比手工业工人的更为悲惨，美国共产党也在大萧条时期关注过农业工人，并建立起农业工人的组织，但后来又因政策的变化而忽视了这些农业工人。

活动来参与政治。他们更倾向于利用工会组织，用经济领域内的手段来迫使资本家做出妥协和退让，从而争取到切实利益。而且，坚持自治、分权和民主的工会主义很难与高度集中的共产主义相融合。然而，大萧条使美国共产党深信革命的时机即将到来，为此他们必须要团结更多的工人。为了吸引失业工人，美国共产党不得不提出要求政府进行救济、补助等具体措施的口号，并建立起反法西斯阵线，加强同工会、同本土美国工人的联系。但是，美国共产党的共产主义信仰、其党员的移民身份及其与苏联之间的密切关系都使美国本土工人和工会心生怀疑与芥蒂。因此，在这个过程中，美国共产党不断地"本土化"，用美国的革命传统来为共产主义"正名"，招募更多的本土美国人，缓和对社会党甚至是民主党的态度。也正是在这个过程中，共产主义逐渐偏离正统，走向"改良化"的道路。因此，从根本上来看，美国共产党在20世纪30年代逐渐走向改良主义是一种必然，是美国共产党在当时的国内和国际条件下，为了扩大影响力以实现革命目的而改变政策所导致的必然结果，是根源于不发达条件下的列宁主义在发达资本主义国家发展的必然结果。

（三）工人党运动失败的原因

1934—1938年由地方工会发起的、得到许多工人群众支持的工人党运动——被学者称为是美国工人的"最后一搏"[1]——也以失败告终。从表面上来看，这次运动失败的关键原因在于工会（包括劳联和产联）领导层的阻挠，但这种阻挠背后有着更加深层的原因。

首先，从美国工人运动的历史来看，激进主义政治[2]曾经对工会运动带来过的负面影响和工人政治行动的频频失败致使那些经历过这一切的老

---

[1] Eric Leif Davin, "The Very Last Hurrah? The Defeat of the Labor Party Idea, 1934–1936", p. 117.

[2] 这里既包括了社会主义者、共产主义者的政治行动，也包括了无政府主义者的暴力行为。虽然社会主义与无政府主义之间有着本质的区别，但工会主义者经常把无政府主义者对工人运动所造成的破坏加之于社会主义者头上。对20世纪30年代之前美国工人运动史的详细描述可参考 Harold C. Livesay, *Samel Gompers and Organized Labor in America*, Boston: Little Brown, 1978; Frank Tracy Carlton, *Organized Labor in American History*, New York: D. Appleton, 1920; Kim Voss, *The Making of American Exceptionalism: The Knights of Labor and Class Formation in the Nineteenth Century*, Ithaca: Cornell University Press, 1994; Marry Ritter, *The American Labor Movement: a Short History*, New York: Macmillan, 1924；[美]菲利普·方纳：《美国工人运动史》（第一卷、第二卷），黄雨石、唯成译，生活·读书·新知三联书店1956年版和1963年版；张友伦、陆镜生：《美国工人运动史》，天津人民出版社1993年版等。

工会主义者坚守着"简单工会主义",拒绝通过政治行动或任何自上而下的帮助来捍卫并争取工人的权益。这些老工会主义者在20世纪30年代成长为新的工会领袖,因此也就更为坚决地反对建立工人党的运动,而那些支持该运动的工人则多数是新兴产业中的年轻工人。同时,鉴于工人党的运动在地方层面得到了社会党人和共产党人的支持与帮助,一些劳联领袖甚至怀疑这一运动是在左派人士的"鼓动"之下发起的,而非源于工人群众自身的意愿。对社会党与共产党的戒备与敌视,更使劳联领导层倾向于对建立全国性工人党的行动加以阻挠。

其次,在政治上与民主党组成联盟是工会领袖为了保证工人在经济领域内所取得的成绩、保证工人们能够合法组织工会的权利的必然选择。这也是许多原本支持建立工人党的产联领袖最终转变观点的重要原因。事实上,包括服装工人工会主席大卫·杜宾斯基和纺织工人联合会主席麦克马洪在内的工会领袖都在1935年的亚特兰大大会上对建立工人党的提议表示赞同,但在产联独立之后,他们的观点发生了改变。这是因为,对于刚刚从劳联当中独立出来的产联而言,最关键的是要保证产业工会的组织条件,保证产业工人参与工会组织进行罢工抗争的权利。虽然社会党和共产党都是代表工人阶级的政党,但它们的最终目标是否定和推翻资本主义制度,也就相当于否定现有的一切。这对于保守的工会主义者来说是难以接受的。虽然民主党在本质上代表的是工商业资产阶级,但它与共和党相比要更加支持劳工,能够为工人运动创造有利的社会条件;而它的力量又比社会党和共产党更为强大,更能够帮助工会主义者达成目的。同时,产联领袖们意识到,20世纪30年代工人在经济领域的斗争中所取得的成绩与罗斯福新政密不可分,与《国家工业复兴法》的第7(a)条规定密不可分。随着《国家工业复兴法》因"谢克特家禽公司诉美国案"被判违宪,产联领袖认为他们必须通过保证亲劳工的罗斯福当选总统而不是共和党的候选人当选,促使《国家劳动关系法》的通过,才能维护工人们好不容易争取到的合法组织并参与工会的权利,保证产联的继续存在与发展。因此,通过发起工人的无党派联盟来阻碍工人党的建立,并在1936年的选举中与民主党"结盟"是当时产联领袖根据其对社会现实的观察和对劳联继续发展需求的考量而做出的必然选择。虽然这是在当时的历史条件下为保证劳联继续发展、保证工人运动现有成果而采取的暂时性策略,但它却直接导致了20世纪30年代建立全国性工人党运动的失败,开启了工人阶级与民主党联盟的一个新时代。

不过，如果仅仅是因为工会领导层的阻挠，全国性工人党运动并不会轻易地失败。事实上，工人阶级内部的分化是这一运动失败的另一个重要原因。经济危机使美国工人遭遇到前所未有的困境：不仅有许多技艺水平较低的工人面临失业，一些技术工人和白领工人也面临着更为残酷的剥削，工资水平和生活水平都急剧下降。在这样的情况下，身处一个群体的工人和作为个体存在的工人将有两种不同的感受。与资本方相比，工人更容易体会到自己作为一个阶级与资本之间的对立，也就更可能团结起来共同反对资本方，争取自己的权益——这也是20世纪30年代美国工人罢工斗争爆发的重要原因。然而，在同一个劳动力市场之中，作为个体的工人在大萧条的情况下又更容易互相竞争，并因为自身受经济危机影响的不同而做出不同的选择。提出建立工人党的要求意味着工人们认识到民主党和共和党都只是代表工商业资产阶级的政党，并不会真正代表工人的利益。因此，工人只能够通过在政治上建立自己的独立组织才能够保障经济上的斗争。

但在20世纪30年代，并非所有工人都有这样的觉悟。我们发现，对建立独立工人政党热情最为高涨的工人一般是来自汽车制造业、橡胶业、纺织业和钢铁制造业等产业的年轻工人。这些工人的技艺水平较低，在危机中随时面临着失业的危险，同时又因所在产业的萧条而受到资本方的进一步剥削，因此他们更容易受到社会主义或共产主义思想的影响。他们在1934年的大罢工浪潮中发挥着重要作用，但也遭受了巨大的打击。资本方联合各地政府对罢工的残酷镇压使他们深刻地意识到工人必须使自己在政治上独立才能够更好地捍卫自身的经济权利。因此，这部分工人是工人党运动最坚实的群众基础。然而，美国社会中还存在许多支持罗斯福和民主党的工人，他们是在大萧条中的失业工人、技术熟练的工人及各类专业人士。经济危机使近四分之一的工人失去工作，令他们的生活苦不堪言。这部分工人的首要目标在于重新就业，重获生活的保障与尊严。虽然在萧条时期带领他们进行抗议、游行的是共产党人和社会党人，但重新给予他们工作，使他们重获人生尊严的却是罗斯福新政的一系列政策。因此，在1932年之后，这部分工人坚定地加入到民主党的阵营之中。而那些技术熟练的工人和各类专业人士虽然也受到经济危机的影响，但与在大规模生产行业中的非技术工人相比，他们的生活普遍要好得多。在1934年的罢工潮中,这部分工人并未发起过特别大规模的斗争;鉴于其所在行业对技术的要求较高,资本方很难立刻找到取代他们的劳动力,这部分工人所发起的罢工斗争也较少受到残酷的镇压。在经济普遍萧条的情况下,这些工人更希望能够保持现状,并在民主党的带领下促进经济的重新繁荣,从而使他们的生活恢复危机前的水平。因此,他们更倾向于在政治上与民主党结合,而不选择要求全面否定资本主义体系的社会党或共产党,抑或是从未出现过的工人党。正是由于工人内部对建立工人党问题并未达成一致,并且已有许多工人倾向于选择接受民主党的领导,劳联与产联领导层对工人党的运动的阻挠才有可能成为现实。

所以,总结来说,造成20世纪30年代工人党运动失败的直接原因在于劳联及产联领导层的阻挠,但这种阻挠只有在工人阶级内部针对该问题已经产生分化的基础上才可能发挥作用。从根本上来说,劳联及产联领导层对这一运动的阻碍是基于其在美国工人运动的历史上长期形成的、根深蒂固的"简单工会主义",以及对激进主义政治的怀疑与敌视;是在当时情况下,工会领导层为了保证工会的继续存在与发展、保证工人运动已取得的成就而采取的选择。而工人阶级内部针对该问题之所以会产生分歧,也不过是技术水平不同、就业领域不同的工人因其在经济危机中的不同境遇而做出的不同选择罢了。

二 理论层面的归纳

根据上述分析,工人组织(包括工会和社会主义政党)的策略和工人阶级的选择是导致美国工人没能实现政治独立的目标,反而同民主党进行政治联盟的直接原因。但这种策略与选择是处于竞争关系的工人组织和存在内部分化的工人阶级在当时的历史条件和美国制度环境的限制下所做出的。这就是说,过去学者在考察美国工人运动问题时所关注的三个方面——即工人阶级本身、工人组织和美国社会的制度环境——在这个问题上共同发挥了作用。仅认识到这点是远远不够的,探究这三个因素之间的逻辑关系才是本书的核心任务之一。

笔者以为,美国的制度环境是工人独立政治行动的大背景,规定了工人参与政治行动的框架与规则。无论是工人组织的策略还是工人自身的选择,都会受到这一框架的影响。在这个框架之下,组织性质、奋斗目标和实力各不相同的工会与社会主义政党采取了不同的动员策略,影响了二者之间的互动；而美国工人阶级的异质化决定了不同工人群体的利益诉求不尽相同，这就又限制了工人组织的相关策略所能够达到的效果。

美国独特的选举制度和两大传统政党在意识形态上的开放性都是工人开展独立政治行动的制度背景。美国选举的相关规定，包括总统候选人的产生方法、胜者通吃的计票原则和选举人团制度等，总是有利于两大传统的资产阶级政党在政治选举中获胜。这就导致民主党和共和党长期轮流执政，使第三党难以在政治舞台上获得一席之地。此外，"美国政治的主要分野是经济上的"①，而不是意识形态和宗教上的。美国两大传统政党的基本意识形态结构比较开阔，并不排斥其他阶级政党或小党的政治纲领，反而善于吸收并借鉴当中能够促进美国经济发展的政策。例如，在1932年和1936年的选举中，美国民主党能够在竞选纲领中借鉴社会党竞选纲领的内容，并赢得工人阶级的支持。美国政党政治的这一特点是在历史发展过程中逐渐形成，并在新政之后得以确立的。在1932年之前，美国的政党制度经过了四个阶段的变化。建国初期至1828年，美国的经济和政治精英就国家权力的集中程度问题分化成为联邦党人和民主共和党。1828年之后，民主共和党分裂为民主党和辉格党，这才是美国现代两党制的前身。其中，民主党代表的是南方种植园主的利益，而辉格党则主要代表北方工商业者的利益。此后，针对奴隶制的存废问题，在原辉格党的基础上，所有反对奴隶制的政治势力结合在一起形成了共和党。南北战争结束之后，共和党人在总统选举中长期获胜，民主党则难以摆脱其在南北战争中的形象，只能够依托南方的农场主作为政治力量的来源。在19世纪末农场主的平民主义运动和工人运动浪潮的推动下，进步主义时期到来了。在这个过程中，进步主义思潮对共和党和民主党都产生了重大的影响，他们开始关注劳工力量在政治中的作用。其中，民主党发生了尤为重大的改变。在长期竞选失利的情况下，受进步主义思想影响较深的民主党人愈加关注北方城市中的劳工力量，通过吸纳反映劳工诉求的政策来赢得工人选民的支持。大萧条和工人运动所带来的社会动荡使民主党人思考解决社会问题的方法，推出带来社会大变革的新政。这些政策和举措赢得了美国工人对民主党的支持。因此，新政之后，民主党更是把目光投向了社会底层阶级，其政策主张也更倾向于工人阶级的利益诉求。

---

① ［美］施密特等：《美国政府与政治》，梅然译，北京大学出版社2005年版，第191页。

这样的制度环境对社会主义政党而言是不利的，对工会组织来说却相对有利。政党总是以执政或促进某种政治思想为目标的。具体到工人阶级政党，其目的在于代替资产阶级政党执政，或促使社会向社会主义的方向发展。在民主社会中，代表工人的政党得通过参与选举政治来实现这一目标。而在美国的政治体制之下，作为第三党的社会主义政党要想在选举中获胜，并取得大多数选民的支持，是非常困难的。这也就决定了美国的社会主义政党更加希望能够控制拥有众多工人群众的工会，并会在具体的工作中不断调整策略，以获得更多工人的支持。在争夺工会控制权的过程中，社会主义政党与工会之间发生矛盾，导致二者之间的分裂。这种分裂关系又进一步制约了社会主义政党的影响力。同时，美国工人阶级的异质性也极大地限制了社会主义政党相关动员政策的效果。例如，美国共产党在1932年的竞选纲领中呼吁工人们进行一次通向"苏维埃美利坚合众国"的革命，声明自己代表的是"包括产业工人、受迫害的黑人和辛苦的农民在内的受压迫的人民群众"[1]，却只能吸引到社会中有着激进情绪的少部分底层工人，而很难引起白领工人和美国本土工人的共鸣。当美国共产党的政策向"人民阵线"转移，它也就逐渐丧失了共产主义的意识形态吸引力，从而失去了一些"铁杆"党员的支持。更重要的是，由于它的政治主张与民主党的并无太大区别，在实力相差悬殊的情况下，工人选民自然更倾向于选择既能容纳工人利益诉求，又有长期执政经验、力量强大的民主党。

同为代表工人阶级的组织，工会与社会主义政党并不相同。作为工人自发性的经济组织，工会追求的是眼前利益。因此，它更经常采取的是经济手段来维护自己的权益，协调工人与资本家之间的关系。只有当经济领域内的斗争遇到政治上的阻挠时，工会才会通过寻找政治同盟的方式来参与政治斗争，从而为其在经济领域内的斗争创造条件。因此，工会在政治上可以依托于任何能够帮助其实现这一目标的政党，而不一定与代表工人阶级的社会主义政党合作。它选择政治同盟的标准在于对方是否能够实现工人阶级的经济诉求和对方的实力雄厚与否。在美国的政治环境中，民主党与共和党在意识形态上的灵活性为工会提供了社会主义政党之外的选择。在长期的斗争中，美国的工会组织逐渐形成"简单工会主义"的坚

---

[1] Allison L. Hurst, "Languages of Class in US Party Platforms, 1880–1936", p.556.

定信念，并对激进主义政党抱有怀疑和敌意。因此，他们既不愿意使自己发展成为一个追求社会主义目标的政治组织，也不愿意同社会主义政党联合起来。但为了确保工会的合法地位，美国工会还是需要在政治上寻找自己的同盟。在当时，既能够在政治纲领中涵盖工人利益诉求，力量又强大的民主党成为美国工会——特别是工会领袖的不二选择。同时，大量的熟练工人和在新政中重获工作机会的工人都愿意支持民主党。因此，虽然部分进步的工会主义者和激进的产业工人因在经济斗争中受挫，意识到民主党不可能真正意义上代表工人阶级，从而发起了建立工人党的运动，他们最终也仍未能取得成功。

第三节　小结

大萧条和新政时期，美国工人不仅在经济领域发起了罢工和抗议运动，还开展了一系列的独立政治行动。虽然这些政治行动在一定程度上促使民主党的政策向有利于工人阶级的方向倾斜，但从工人进行独立政治行动的目的来看，从在美国发展社会主义政党的目标来看，它是相对失败的。20世纪30年代之后，美国工人改变了过去在选举中没有固定党派偏好的情况，在政治上建立起了与民主党长达四十年的联合——这更加不利于美国工人在未来岁月中的独立政治行动，也是目前为止美国尚未出现强大的社会主义政党或工人政党的重要历史原因。因此，我们说，20世纪30年代是社会主义力量在美国日渐式微的时期。

从历史层面来看，社会主义在美国的式微可以分别从美国社会党、共产党和工人党运动的发展过程进行解释。

美国社会党的日渐衰落与它的发展历程密切相关。作为一个以马克思主义为指导思想的工人阶级政党，社会党只可能对美国社会中的工人阶级及同情工人阶级之人产生吸引。然而，美国工人阶级内部复杂的分化现象进一步限制了社会党可能的影响范围——熟练的本土工人倾向于加入劳联工会，通过经济行动而非政治运动来捍卫自己的权益，而生活水平与社会地位较低、与社会格格不入的非熟练移民工人则倾向于接受社会党的领导。到了20世纪30年代，随着移民工人的减少与老移民的美国化，社会党所得到的支持有所下降。劳联与社会党因历史经验而形成的对立关系使社会党很难深入到美国本土的熟练工人之中，这既决定了它的党员规模和力量，又进一步限制了社会党的活动能力。大萧条所带来的国内变化和国际法西斯主义所带来的国际问题使社会党内部发生了宗派斗争，进一步削弱了社会党的力量，并直接导致党的分崩离析。在社会党日渐衰落的情况下，为了保证自己在经济斗争中所取得的成就，工人阶级自然就倾向于在政治上选择力量强大并且政治主张温和的民主党了——而这又进一步加剧了社会党的衰落。

美国共产党与社会党的情况有所不同。在社会环境有利于激进主义发展的情况下，美国共产党在20世纪30年代达到了它的巅峰时期。与此同时，共产党也日渐偏离激进主义和革命主张，走向联合一切阶级反对法西斯力量的"民主阵线"。这是美国共产党当时的历史条件下为了进一步扩大自己的影响力而采取相关措施所造成的结果，是根源于落后俄国的共产主义（更确切地说是列宁主义）在发达的资本主义社会中发展的必然趋势。20世纪30年代美国共产党的力量壮大受益于大萧条所带来的社会变化和工人思想上的变化，以及共产党本身为了吸引工人而采取的政策措施。但受制于党的阶级属性、党员的不稳定性及它与苏联和劳联工会之间的关系，共产党的力量壮大也只是有限的。为了更好地吸引工人阶级，以实现通过阶级斗争来废除资本主义私有制的目的，美国共产党不得不根据美国的社会现实和当时国际形势调整自己的政策，建立反法西斯的"民主阵线"，也就在这个过程中逐渐偏离了共产主义，客观上推动了美国工人阶级与民主党之间的联合。

劳联和产联工会领导层的阻挠是工人党运动失败的直接原因。但从根本上来说，该运动的失败源自工会主义者对激进主义政治的怀疑与敌视。在《国家工业复兴法》被判违宪，《国家劳动关系法》尚未完全确立的情况下，工会领袖为了保障工人在长期斗争中争取到的合法权利必将做出这样的选择。更进一步说，美国工人阶级因种种原因所导致的内部分化，决定了他们在当时的历史条件下必将做出这样的选择。

综合来看，20世纪30年代美国工人独立政治行动的失败是美国工人阶级的异质性、工人组织的策略及美国社会的制度环境共同导致的结果。其中，制度环境是美国工人进行政治斗争的大背景，界定了工人政治行动的框架与规则。在这个框架之下，工人组织的策略影响着工会与工人阶级政党之间的互动；而美国工人阶级的异质化又限制了工人组织的相关策略所能够达到的效果。需要指出的是，虽然美国社会的制度环境是工人进行政治行动的大背景，但这一制度环境也是历史发展的结果。因此，当我们讨论美国工人阶级异质性、工人组织策略及美国制度环境对工人运动的影响时，不仅要考虑到三者之间的逻辑关系，还必须把它们还原到具体的历史环境中去论证。

结　　论

20世纪30年代，美国工人在经济和政治领域都进行了激烈抗争。这一运动的直接原因在于1929年的经济危机及其带来的系列问题，包括工人的失业、工资减少、工时延长、工作量增多等。但造成美国工人运动在当时爆发的原因又远不止这些。劳资矛盾在20年代的繁荣时期早已深埋于社会之中。虽然在"一战"之后，工人的生活水平得到极大的提高，生活方式也愈加中产阶级化，但社会上的贫富差距却日益扩大，工人依旧处于被剥削的地位。工人的失业率曾长期保持在10%，却没有引起政府的关注。劳资双方的矛盾被掩盖在经济繁华的表象之下，又被保守的政治环境所压制，难以得到解决。在这样的前提下，大萧条所带来的极端的生活变化激化了工人心中本就存在却未曾发泄出的愤懑与不满，并以社会运动的形式表现出来。

这一时期的美国工人运动呈现出几个重要的特点。

第一，工人运动的组织者多样，并且相互之间存在着竞争和敌对关系。共产党、社会党和工会组织都是这时工人运动的主要组织者，但他们三者之间存在着竞争与敌对关系。劳联工会是当时社会上最大的工人组织，其成员多为熟练的手工业工人，他们对激进主义政治持怀疑态度，并不愿意受到美国共产党或社会党的"领导"。美国共产党与社会党的规模较小，它们对失业工人、非熟练工人和移民工人的吸引力较大，虽然都是受到源自于欧洲的激进主义思想指导的政党，却因对社会主义的诠释不同而存在分歧，并互相竞争。

第二，参与斗争的工人群体之间也存在着分化。在大萧条初期，失业工人是斗争的主体力量，他们在社会党人和共产党人的领导下进行自助或进行反失业游行。在新政之后，在业工人逐渐成为罢工运动的主力军，在

《国家工业复兴法》第 7（a）条款的鼓舞下，以工会为单位进行抗争。但是不论是失业工人还是在业工人，其中都有移民工人和本土工人，白人工人和黑人工人之分。按照不同标准所划分的几个群体之间存在着矛盾，这些矛盾在一定程度上导致了工人的内部分裂，但从整体来看，当时工人之间最重要的分歧还在熟练工人和非熟练工人之间。1935 年之后，劳联内部就应该按照产业工会主义还是行业工会主义组织工人产生分歧，直接导致产联的独立。产联工会在 1935 年之后带领着产业工人对经济生产中占垄断地位的大资本家发起了抗争，并获得了重大的成功。

第三，工人运动的领域不仅局限在经济领域，还发展到了政治领域。除了为争取经济利益和工会合法性而发起罢工，美国工人还积极活跃在政治领域内。美国共产党和社会党积极参与到全国和各州层面的选举活动中。在 1934—1938 年，工会中的进步人士还发动起了建立全国性工人党的运动。但是，与经济斗争所取得的成绩相比，工人的独立政治行动并算不上成功。社会党和共产党在选举中的成绩平平。其中，社会党在 30 年代末日渐衰微，共产党则走向与民主党的联合。全国性的工人党最终也未能成形。换句话说，工会主义及工会力量在 20 世纪 30 年代日渐高涨，但在这个过程中，工人运动中的社会主义色彩却日渐淡化，社会主义政党或日渐衰落或逐渐偏离推翻资本主义制度的政治目标。从这个角度来看，工人的独立政治行动是失败的。

在说明了美国工人在经济领域和政治领域内的抗争情况，并分析罢工运动和独立政治行动之所以呈现出相应发展特点的原因之后，我们还需要对 20 世纪 30 年代美国工人运动的几个相关问题进行总结。

一 20 世纪 30 年代美国工人运动两大发展特点之间的联系

20 世纪 30 年代，美国工人运动呈现出工会主义高涨和社会主义式微的特点。其中，工会主义高涨是指当时越来越多的美国工人加入工会，以罢工为主要手段同资本家进行斗争，并取得重大突破，促进集体谈判机制的确立。而社会主义的式微则是指美国工人运动的社会主义倾向减弱和社会主义目标未能实现，主要表现在美国社会党力量的衰落、共产党日趋改良化和独立的工人党运动的失败。更重要的是，此后美国工人在政治上走向了同民主党之间的长期联盟。工人对民主党的依赖增强，与社会主义政党则渐行渐远。

这一时期，美国工人运动呈现出如此发展特点有其各自的原因。美国工人运动中的工会主义之所以能够高涨，主要原因在于罗斯福新政中劳工政策的出台和工人组织力量的增强。当然，在这个过程中，工人自身的斗志与斗争决心也促进了工人运动的发展，并进一步推动了工会力量的发展和新政相关政策的出台。社会主义政治运动在此时的低落则是在美国制度环境的框架之下，工人组织的互动和工人阶级的选择共同作用的结果。由此可见，制度因素、工人组织和工人个体这三个因素共同对美国工人运动中的工会主义和社会主义倾向产生影响。

虽然在前文中，为了分析上的便利，我们将美国工人运动划分为经济和政治领域内的斗争，但其实这二者之间不能机械地区分，而是紧密联系着的。正是在工人的经济斗争遭遇挫折，在《国家工业复兴法》被判违宪和1934年罢工潮在地方遭遇民主党政府的镇压之后，工人阶级意识到了政治斗争的必要性，并决定在社会主义政党的帮助和领导下建立独立的工人党。因此，可以说工会主义运动中所遭遇的挫折是当时美国工人开展独立政治行动的直接原因。

美国工人运动中工会主义的高涨与社会主义的式微之间是平行发展的，但有一定的联系。随着工会主义在美国的迅速高涨，工会力量日渐强大起来。这种力量的增强所依靠的不仅仅是工人的斗争意志，还得益于罗斯福新政所提供的政治环境。鉴于《国家工业复兴法》和《国家劳动关系法》是工会合法性的法律基础，劳联和产联必定会尽一切努力保证这些法规的确立与实施。所以，即使在不少工人意识到民主党对自己的背叛之后，考虑到美国选举制度的特点，劳联和产联的领袖为了保障工会的合法性，依然在选举中动员工人群众支持既能保障工人利益诉求又有机会获胜的民主党，而不是建立一个新的工人政党或支持力量弱小的社会主义政党。此外，随着大量工人涌入劳联和产联工会，社会主义政党不得不把工会当作是自己的动员阵地。为了扩大自己的影响力，推动工人运动的发展，社会主义政党积极同工会组织合作，而且不惜调整自己的政治主张，使之符合工人群众直接的利益诉求。虽然这令社会主义政党得到工人群众的主观认可，却也直接导致了他们在具体运动过程中日渐偏离社会主义的目标。随着集体谈判机制在美国的最终确立，工会力量得到持续发展。此后，劳工力量的持续壮大使之继续成为民主党所重视的政治力量；而工会也开始通过捐赠政治献金的方法成为影响政府决策的利益集团。于是，工人们坚定地与民主党建立起长期的政治联盟，这进一步强化了美国工人运动中的工会主义倾向，遏制了以社会主义为目标的工人独立政治运动的发生与发展。

但这并不是说，工会主义运动的高涨必然导致社会主义运动的式微。在西欧的资本主义社会中，工会运动的发展往往会带动社会主义运动的发展。工会和工人政党之间也经常建立起紧密的政治联系。事实上，工会和工人政党之间、工会主义与社会主义的发展趋势之间没有必然的联系。在资本主义社会中，工人总是先自发地组成经济组织，然后才可能在运动的过程中形成政治上的联盟。因此，工会通常是先于社会主义政党而存在的。但工会"在任何情况下都不会发展成为政治组织，而是要寻求政治组织的支持。它们在这样做时并不一定只和工人阶级的社会主义政党联系，而是也会和工人阶级的其他思想流派或资产阶级政党相联系"[1]。作为工人的经济组织，它所追求的只是维护工人在生产关系中的地位，提高其物质水平，调和劳资关系。为了达到这个目的，它可能进行政治活动，却不必然要与无产阶级政党联系在一起。工人政党是工人的政治组织，其目的在于代表工人阶级夺取国家政权，从而推翻资本主义剥削制度。在民主国家中，工人政党通常需要通过参与政治选举来实现这一目标，这就要求它们得到尽可能多的选民支持。因此，他们总是希望能够影响并控制拥有雄厚群众基础的工会，而工会对他们的态度又是中立的。笔者以为，只有在工会运动遭到挫折而不得不利用政治手段来创造有利斗争条件的情况下，并且社会主义政党的力量非常强大或工会在资本主义社会中无法找到另一个能够吸纳工人主张的政党时，工会与工人政党之间才可能形成政治上的联合。随着工会与工人政党之间政治联系的形成，工会主义运动与社会主义运动之间就可能形成相互促进的关系。

而在20世纪30年代的美国，工会运动虽然也遭遇挫折，但其社会主义政党的力量并不强大，而社会中已经存在一个能够容纳工人阶级利益诉求且力量强大的民主党。因此，从自身的利益出发，工会选择了民主党作为自己的政治同盟。也就使美国工人运动出现了"工会主义高涨和社会主义式微"的特点。

---

[1] 殷叙彝：《社会主义政党与工人运动及工会的关系》，《马克思主义与现实》2009年第4期。

从唯物史观的角度来看，20世纪30年代美国工人运动所呈现出的这一特点，是工人运动在当时美国的社会、历史和政治环境中发展的必然结果。

普列汉诺夫曾经指出，社会历史是"由社会人造成的，社会人是历史的唯一'因素'。社会人自己创造自己的即社会的关系"[①]。处于社会关系中的个人为了自己的生存和发展而活动，同时不断地创造着社会关系，推动历史发展。美国工人的这段运动史也是美国工人阶级自身创造的社会历史，它的"成功"与"失败"并不是由工人组织的正确策略或不当政策决定的，也不是因为美国工人阶级天生的保守个性。这段历史所体现的，不过是不同的社会群体在特定的历史背景下，针对特定的历史事件所做出的必然选择罢了。

当美国社会的历史在人类推动生产力的活动中前进到资本主义阶段时，社会也出现了工人阶级和资产阶级这两大阶级的分化。与其他资本主义国家的阶级相同，美国工人阶级也是不占有生产资料、自由出卖劳动力的阶级；资产阶级则是占有生产资料的阶级。不同的是，美国社会的两大阶级在此时已经带有深刻的美国历史的痕迹。在美国资本主义发展初期，由于移民国家自有劳动力的不足，黑人奴隶和来自欧洲的移民逐渐成为后来工人阶级的重要部分，而奴隶制所带来的种族歧视也深刻地烙印在白人工人身上，这自然造成美国工人阶级内部的分化现象。美国日渐发达的经济水平吸引欧洲移民不断前往美国，也就形成了美国社会内部出现了老移民和新移民之分，但这两种群体之间的矛盾从本质上来看不过是熟练工人与非熟练工人之间矛盾的另一种体现。作为早期移民的后裔，即使是"本土"的美国工人也对欧洲社会有着特殊的感情，这直接影响了他们对待欧洲事务的态度，也为社会主义和共产主义在美国的发展创造了可能的群众基础。同时，美国的工人阶级并非从封建社会中没有政治权利的无产阶级变化而来，他们较早地、较容易地得到了与资产阶级同样的政治权利，缺乏与无产阶级政党并肩作战争取政治权利的经验，坚信努力必有回报的工作伦理。伴随着美国资本主义的发展壮大，工人阶级也经历过多次抗争，并取得了相应的成果。但在20世纪30年代之前，美国的工人运动

[①] 普列汉诺夫：《论个人在历史上的作用问题》，王荫庭译，商务印书馆2010年版，第55页。

经验使许多本土的熟练工人接受劳联的领导，坚持简单工会主义，对社会主义思想和共产主义思想并不感兴趣，甚至有些敌意。而被社会主流所排斥或疏离的非熟练工人（主要是来自欧洲的新移民工人和具有社会主义运动经验的老移民）则成为社会党和共产党的追随者——其中共产党的成员以来自东欧和南欧的新移民居多。美国工人阶级身上的这些"历史印记"决定了他们中的绝大多数人在遭遇经济危机之后，首先选择的是改变自己的窘迫状态，尽可能修正社会制度中存在的问题，而不是对现有的一切进行全盘否定，因此不可能爆发马克思预言中的阶级革命或发生在俄国的现实革命。当大萧条到来时，失业工人失去了维持生计的来源，为了生存他们提出的要求只可能是得到救助和重新就业；而对同样受到经济萧条影响，却依然能够维持生计的在业工人（这部分工人则多为熟练工人、白领工人、专业人士等）来说，面临着庞大失业大军的威胁，只要现有的工资水平依旧能够满足他们的基本生存，他们不会轻易要求变革——这也就解释了，为什么在大萧条初期时，在业工人当中只有极少数的人发起罢工斗争。在政治上，面对着共和党、民主党、社会党和共产党等选项，经历过大萧条的民众把贫困归咎于共和党的领导不力，拒绝继续接受共和党的领导。在民主党、社会党和共和党之间，大多数工人在1932年的选举中选择了力量更强、政策温和亲民的民主党，而不是相对弱小，而且在历史上与无政府主义有所关联的社会党或共产党。在1936年选举之前，一些在罢工中遭到民主党政府背叛的工人意识到民主党无法在根本上保护自己的权益，强烈要求建立独立的工人党。但是，失业工人为了保证自己所得到的救济，熟练工人为了保证集体议价权利的实现，并未就该主张产生共识。因此，工人党运动才可能在工会领导层的阻挠下失败。而在有利的政治条件和强大的工人组织的带领下，美国工人阶级最终争取到了通过工人工会参与集体谈判的权利，这就为美国工人表达不满与愤懑提供了合法的申诉机制，也遏制了工人在未来可能采取的激进性行动。

对资本家而言，生存意味着保证利润，保证资本的继续运行。在美国资本主义发展的历史长河中，资本家的力量得到增强。在历史上与工人阶级的斗争中，美国资本家未曾做出过巨大的让步，政府政策为他们提供了良好的发展条件，使他们确信私人财产的不可侵犯和工人在生产中的从属地位，并不愿意让工人参与到生产的决策中去。到了20世纪30年代，分散的小资产阶级被垄断集团所取代。为了保证生产的继续，在经济形势大好时，美国的资本家用人性化的管理者政策、优渥的工资和福利条件及种种打击工会力量的手段来掩饰自己对工人的剥削，以缓和劳资双方的矛盾；一旦经济形势恶化，为了自己的生存（利润），资本家不得不采取裁员、降低工资、增加单位工作量等方法来增加对工人的剥削。若工人对此有所抱怨，则以裁员的方式加以威胁；若工人采取罢工的方式表示反抗，则坚决予以反击，保证生产的正常运行。因此，大萧条来临之后，尽管个别资本家善意地为工人提供帮助或向政府承诺不减少工资，对利润的追逐也使他们不得不采取其他手段来剥削工人，这就必然导致工人的不满；当工人用罢工手段进行反抗时，即使资本家个人是善良的，为了保证自己的生存，也不得不予以严厉打击。只有在经济有所复苏，感受到工人争取集体谈判权利的决心和意志已经难以阻挡之时，为了保证自己的利益，资本方才开始接受谈判。

　　工人阶级或资产阶级为了更好地维护自己的利益而联合，形成了经济或政治上的组织，包括政党和工会。对于共和党和民主党这两个代表资产阶级的政党而言，他们的目标在于获得选民支持，掌握政权。一旦成为执政党，其目的就自然地转变为维持国家的正常运作。生产资料的私人所有和资本主义生产方式决定了在资本主义社会中的国家机器只可能是资产阶级的统治工具。代表资产阶级的政党总是自觉或不自觉地维护着资产阶级的根本利益——保证资本主义经济的正常运行，在政策上就体现为对商业的鼓励和支持，以及维护劳资关系的稳定。正因如此，20世纪20年代，历届共和党政府都采取了自由主义的经济政策，客观上助长了资本的力量，削弱了工人阶级和左派政党的力量。随经济危机而来的不仅是美国经济的崩溃，还有严峻的社会问题。因此，复苏经济和维持社会稳定成了这些政党的首要目标。罗斯福新政的推出自然与其个人的生活阅历、领袖才能和对劳工的同情分不开，却也是民主党在当时情况下，为了在选举中获胜，为了维护美国的稳定和发展而必然采取的方案（事实上，新政中的措施在共和党、社会党和共产党的竞选纲领中都曾出现过，只是民众已经对共和党失望，不愿意再次选择胡佛担任总统；而社会党和共产党的力量又过于弱小，难以成为与民主党抗衡的力量）。这些政策（包括《国家工业复兴法》和《国家劳动关系法》）虽然给工人运动的发展带来了有利的条件，在根本上仍是为了维护劳资关系，以恢复经济的正常发展。也因此，当工人的罢工斗争遭遇打击时，仍有些地方的民主党政府选择帮助资本家共同打压工人运动；即使是亲劳工的州长和总统，在面对劳资双方僵持不下的局面时，所能够做的也只是参与调停。

而对工人政党和工会组织而言，组织工人阶级并维护他们的利益则是其存在的意义。但是，在20世纪30年代时，美国的工人政党与工会之间是相互分离的。这是美国工人运动的一大特点，它的原因不在于社会主义政党的外来性，不在于工会的保守性，不在于美国工人缺乏阶级性，而是工人运动在美国的历史条件下长期发展的结果。① 同时，当时代表工人阶级的政党包括了社会党和共产党；1935年之后，工会组织则以劳联工会和产联工会为主。正如第三章中所分析的，在20世纪30年代的历史环境下，社会党、共产党、劳联和产联做出了不同的选择。社会党内部针对国际问题（俄国革命、苏联社会主义、第二次世界大战等）和国内问题（共产党、共产主义、新政）产生分歧，最终导致本已处于衰退期的党四分五裂，而力量的衰落又制约了其宣传能力和行动能力，于是在与共产党和民主党的竞争中失败了。共产党在这一时期得到了有利的发展条件。本想抓住经济危机的机遇组织工人发动革命的共产党为了得到工人的支持，不得不在政策上"迎合"失业工人，帮助其获得政府的救助，并淡化竞选纲领的"阶级色彩"。随着国际和国内形势的变化（例如，法西斯主义

---

① 可参考第三章的论述。美国工会并非从一开始就反对独立政治运动，反对社会主义，坚持简单工会主义的。纵观美国工人运动的历史，工会运动和工人党运动总是交替进行的。当工会运动失败之时，工人就会尝试通过政治的手段来捍卫自己的权益。然而，在工业社会初期，工人的力量是有限的，工人党也很难在当时的政治条件下形成。随着德国移民前往美国，社会主义思想（同时还有拉萨尔主义）开始在美国传播，并建立起社会主义劳工党。但最初这种思想仅在欧洲移民内部盛行，与美国民众是分离的；此外，美国民众对社会主义者和无政府主义者的混淆，致使社会主义对美国工人阶级的主体部分并未产生大的吸引力。社会主义劳工党同劳工骑士团的合作使同劳工骑士团处于竞争关系的劳联不满，导致劳联与之日渐疏远。在劳工骑士团衰亡之后，劳联工会逐渐成为美国最大的工会组织。而其在历史中长期形成的简单工会主义和对社会主义政党的敌视对工会成员产生了深远的影响，也就逐渐造成了工会运动与工人政党之间的分裂。详细历史可参见 Harold C. Livesay, *Samel Gompers and Organized Labor in America*, Boston: Little Brown, 1978; Frank Tracy Carlton, *Organized Labor in American History*, New York: D. Appleton, 1920; Kim Voss, *The Making of American Exceptionalism: The Knights of Labor and Class Formation in the Nineteenth Century*, Ithaca: Cornell University Press, 1994; Marry Ritter, *The American Labor Movement: a Short History*, New York: Macmillan, 1924;［美］菲利普·方纳：《美国工人运动史》（第一卷、第二卷），黄雨石、唯成译，生活·读书·新知三联书店1956年版和1963年版；张友伦、陆镜生：《美国工人运动史》，天津人民出版社1993年版等。

的盛行和美苏在反法西斯事务上的合作，以及共产党第三时期政策的相对失败），共产党通过建立"人民阵线"，参与劳联和产联工会的组织工作，得到了更多工人的支持，却也在这个过程中逐渐偏离了传统的、激进的共产主义，不仅没有在选举中公开反对民主党，还在事实上走向同民主党的联合。劳联和产联则坚持通过经济手段维护工人的利益，因此他们更加关注的是工人罢工运动中所得到的权利。为了保证这一权利，劳联和产联的领导层对地方工会发起的工人党运动加以阻挠，最终导致该运动的失败。

所以说，在资产阶级政党为了维护经济正常运作而提供的客观上有利于工人运动的政治环境之下，美国工人阶级在工会组织和左派政党的领导下进行了罢工斗争；大资本家为了维护自己的"生存"对这些运动予以严厉打击，却在经济逐渐复苏的情况下和强大的工人力量面前意识到合作才是维护自身利益的最佳选择——这就带来了工人在经济领域内的"成功"。同理，在政治上，资产阶级为了维护资本主义社会的稳定而采取的亲劳工的政策赢得了失业工人和许多熟练工人的支持；本可代表工人的社会党却为了维护正统的马克思主义信念在与工会的分离和内部的分裂中日渐衰落，难以对工人阶级的大部分产生影响；共产党在变化了的国际局势下为了赢得工人的支持而改变了政策，却在影响力扩大之后成为民主党的同盟；虽然在罢工中遭到民主党政府背叛的工人迫切要求建立独立政党，但失业工人和熟练工人为了保证自己在新政中获得的利益并不支持该行动，工会领袖则为了保证工人在经济上取得的成就而阻碍工人党的建立——于是，工人的独立政治行动以失败告终。他们在20世纪30年代确立了同民主党之间的政治联盟，也就进一步限制了以推翻资本主义制度为目的的社会主义运动的发展。

综合来看，20世纪30年代美国出现"工会主义高涨"和"社会主义式微"的特点。这两个特点之间是相互联系的。工人在经济斗争中遇到的挫折促使其发起追求政治独立的斗争以创造有利的条件；但工会运动的迅速发展和所取得的成就又在一定程度上导致了工人运动中社会主义色彩的日渐淡化。但这并不是说工会主义与社会主义的发展趋势之间有着必然的联系。美国工人运动之所以会呈现出这样的发展特点，是受到美国的制度环境、工人组织之间的互动和工人阶级的异质性等因素影响的。从唯物史观的角度出发，这一现象是发展到一定历史阶段的美国工人阶级和资产阶级为了保证自己的生存，以及两大阶级的政治和经济组织为了捍卫各自的利益诉求，在当时历史条件下做出的选择。而他们在这一历史时期的选择又创造了新的历史，改变了美国资本主义的发展轨迹，使其重获生命力。

二　正确评价20世纪30年代的美国工人运动

20世纪30年代是美国工人运动史上的一个重要阶段。从罢工斗争的频率和工人在斗争中所表现出的战斗性与积极性来看，这是个相当激进的斗争时期。"不论是像欧文·伯恩斯坦那样的自由主义学者，还是考克斯这样的活动家，又或者是泰勒那样的企业大亨，都把20世纪30年代描绘成一个充满斗争与挣扎的年代。"[1] 大萧条时期，数十万甚至上百万的失业工人和退伍军人走上街头进行抗议游行。南方的棉纺织工厂工人、佃农和北方的汽车制造工人、钢铁工人、服装制造业工人、卡车司机，以及东西两岸的码头工人等都纷纷响应号召，开展或大或小的罢工斗争，迫使资本方答应工人增加工资或减短工时的具体要求，争取工人的集体谈判权。工人们采取街头抗议、组织罢工纠察队、封锁工厂、静坐罢工等不同的方式与资本方进行斗争。一些工会主义者还提出"激进"的口号，谴责民主党和共和党是大资本家的工具，要求建立统一的工人党来代表工人的政治利益。工人的斗争对象不仅仅是某个工厂或某个公司，更波及了占据基础工业部门垄断地位的大集团。他们的罢工运动在一定程度上破坏了工业生产与社会的正常秩序，并受到了资本方派出的私警、法院下达的禁令、各州政府派出的警察甚至国民警卫队的抵制，在许多情况下爆发了武装冲突。但是，面对强大的资本方，工人并没有退却。他们或自发进行罢工，或在工会领袖和左派人士的领导下进行抗争。在一些情况下，不同行业的工人甚至互相支持，共同对抗资本方。这一时期，工会的力量得到巨大的发展，从1929年的362.5万人增长到1939年的898万人；工人的罢工则从1930年的637次增加到1937年最高点的4740次。[2] 难怪乎历史学家伯恩斯坦称1929—1941年为"动荡的年代"，纽辛格则认为20世纪30年代是工人们"反抗"的年代。

---

[1] Melvyn Dubofsky, "Not So Radical Years: Another Look at the 1930s", p. 304.
[2] Bureau of the Census, *Historical Statistics of the United Sates*, 1789 – 1945, pp. 72 – 73.

从绝对数值来看，当时的罢工潮"只吸引了一小部分工人"。① 在1937年罢工运动最激烈的时候，参与罢工的工人达到186万人，占工会会员总数的25.7%。据统计数据显示，当时的工会会员数约占同年美国在业工人总数的15.6%。也就是说，在1937年的罢工潮中，大约只有4%的在业工人参与到罢工中去。② 但与大萧条之前的情况和同时期的英国相比，美国的工人运动和工会规模已经相当不错了。与此前的历史相比，不论是美国工会和罢工运动的规模，还是工人所取得的成就，20世纪30年代都要更胜一筹；与同一时期的英国相比，美国工会会员在1933—1934年的年增长率也要远远超过同一时期英国工会会员的年增长率。③ 当时，美国的工会运动不仅恢复到进步主义时期的水平，还出现了新的工会形式与罢工手段，工会的力量也拓展到过去几乎没有工会基础的产业领域中去。曾经被判定为非法的罢工行为，也在这时得到了法律的认可。美国工人凭借不到全部在业人口4%的力量与各大行业的巨头大亨进行斗争，给美国社会带来了深刻的变化。受到失业工人示威游行和亲劳工团体对政府的游说活动的影响，国会于1935年通过了《社会保障法》，第一次在联邦层面对失业保险和社会福利做出了相关规定。美国工人争取到了组织、加入工会的合法权利，并使集体谈判制度以法律的形式确立了下来——工人可以通过加入工人工会参与到同资本方就工资、工时、工作条件等问题的协商与谈判中去，这在很大程度上增强了工人在生产中的自主地位，确立了所谓的"工业民主"。同时，美国工人在这一时期与民主党结合在一起，影响了民主党的政策方向。这些反而证明了20世纪30年代美国工人运动的激进与成功。

虽然工人进行政治斗争的最终目的——追求政治上的独立，建立代表工人阶级的政党以夺取国家政权——并未实现，但我们不能因此就认为美国工人缺乏革命性和激进性。诚然，社会党的力量在当时逐渐衰落，共产

---

① Melvyn Dubofsky, "Not So Radical Years: Another Look at the 1930s", pp. 304 – 314.
② 数据为笔者根据1937年参与罢工的人数、工会会员总数及在业人口总数计算而出，数据来源参见 Bureau of the Census, *Historical Statistics of the United Sates*, 1789 – 1945, pp. 65, 72, 73.
③ Leo Wolman, "Union Membership in Great Britain and the United States", in *National Bureau of Economic Research*, 1937, p. 2, http://www.nber.org/chapters/c5410.pdf, December 12th, 2016.

党日渐改良化，工人党也未能得以建立，但这是由美国的制度环境、工会与工人政党之间的互动及不同工人群体的选择所决定的，并非是由于美国工人的"不够革命"而造成的。而且，工人的政治行动也使民主党吸纳了有利于工人阶级的政治主张，为其在经济领域内的斗争创造了有利的条件。工人逐渐成为美国传统政党，特别是民主党，所重视的社会力量，并在选举中发挥重要作用。在此之后，工人同民主党建立了长达近四十年的政治联盟。从长远来看，这制约了社会主义在美国的继续发展，但它也在一定程度上使民主党的政策和执政纲领发生了一些有利于工人阶级的变化。

更重要的是，20世纪30年代的美国工人运动使美国社会进入了重要的转折点，推动了社会的进步与发展。

第一，20世纪30年代是美国历史的重要转折点。新政改变了美国政府放任自由主义的经济政策，开启了政府干预经济的时代，同时也使政府权力日渐扩大。根深蒂固的"个人主义"开始动摇——"由于人们对经济个人主义和社会达尔文主义的信仰，过去美国人总是把贫穷归咎于穷人的懒惰与愚蠢"[①]，但30年代的经济危机使他们意识到，贫穷不仅是个人的问题，还有社会的原因。这些变化，不仅仅是大萧条和新政所带来的，也受到美国工人运动的影响。大萧条时期失业工人的反失业游行与抗议向政府指出了美国社会福利制度的缺陷，迫使新一届的政府为了维持社会稳定而开始思考应该为失业工人提供救济和制度上的保障，直接导致了新政相关政策的出台和美国社会保障制度的初步确立。

第二，这一时期的工人运动还促成了集体谈判制度的最终确立，并使工人越来越倾向于通过谈判而非罢工的手段来实现自己的利益诉求。许多学者认为，集体谈判制度的确立得益于新政中的《国家工业复兴法》和《国家劳动关系法》，但这其中还有工人运动的功劳。《国家工业复兴法》只是承认了工人加入工会的权利。在资本方极力反对，并利用法律中的漏洞来阻止工会运动的情况下，正是工人阶级自身通过不懈的斗争获取到这种权利，并使之最终以法律的形式确立下来。然而，也由于集体谈判制度的确立，工人才更倾向于用谈判这种更加和平、简单的方式，而不再是激

[①] Morris Dickstein, *Dancing in the Dark: A Cultural History of the Great Depression*, New York & London: W. W. Norton & Company, 2009, p. 174.

进的罢工运动来表达自己的利益诉求。劳工领袖也才会为了保障工人所争取到的谈判权利而在1936年的选举中支持民主党，阻碍工人党运动。这些在一定程度上却也限制了美国工人运动的继续发展。

第三，20世纪30年代的美国工人运动为50年代的民权运动奠定了基础。在20世纪30年代后期的工人运动中，黑人工人开始发挥重要作用。保守的劳联工会受到白人至上主义和种族歧视的影响，不愿意组织黑人工人，但产联根据工人所在的产业而非他们的技艺水平、种族或民族来组织工会，因此并不排斥黑人工人入会。虽然产联的政策并没有帮助改变黑人工人和白人工人待遇不平等的问题，但黑人工人加入产联工会并参与到罢工斗争中去，不仅有利于自身生活水平的提高，也锻炼了斗争技巧，并与工会中的白人工人进行合作、融合，逐步消除了行业工会中存在的种族歧视思想与行为[①]——这一切都为20世纪50年代民权运动的成功奠定了基础。

三 从20世纪30年代美国工人运动的发展看"美国例外论"

20世纪30年代，美国工人运动中"工会主义高涨和社会主义式微"的特点容易令人想到所谓的"美国社会主义例外论"。这是个古老的问题。从维尔纳·桑巴特提出"为什么美国没有社会主义"至今已经过去了一百多年，依旧没有出现一个令所有人都满意的答案。桑巴特本人认为美国的经济较欧洲资本主义国家更为发达，消解了工人阶级的激进主义倾向；疆域辽阔为工人提供更多的机会，使工人具有更强的社会流动性；两党制的运行良好不利于第三党的形成。[②] 后世学者继续从这几个角度来探讨美国的"例外"，并过分强调某些要素的重要作用。到了现代，李普赛特在比较美国与其他资本主义国家历史的基础上分别验证当时存在的各种观点，总结得出："美国的价值观、政治结构、工人阶级的分化以及政党与工会的分离：这四个因素是社会主义者在美国失败的关键。"[③] 当然，

---

① Philip S. Foner, *Organized Labor and the Black Worker*, 1619–1973, New York: International Publishers, 1974, p. 234.

② [德]维尔纳·桑巴特：《为什么美国没有社会主义》，孙丹译，电子工业出版社2013年版。

③ Seymour Martin Lipset & Gary Marks, *It Didn't Happen Here: Why Socialism Failed in the United States*, p. 264.

除了国外学者，国内学者也对此有所研究。例如，清华大学历史系教授秦晖指出，社会主义与美国有着奇特的关系，即欧洲社会主义者看好美国，但美国的社会主义却无法如他们预期地那样发生，原因在于"美国存在着相对而言的'干净资本主义'，它因其'干净'而为社会主义者看好，但也因其'干净'而'用不着'社会主义"[①]。有意思的是，国外学者大多认可美国的"例外"，而国内学者与其说探讨的是美国的"例外"，不如说是研究美国社会主义运动衰微的原因。

"美国例外论"是基于以下三个现象所得出的结论：其一，社会主义没有在美国发生；其二，美国没能形成一个强大的社会主义政党或独立的工党；其三，美国的工人运动没有表现出革命激进的一面。称这些现象为"例外"，大抵包含两层意思：（1）以马克思主义对社会主义必将代替资本主义的论断为前提，认为根据社会发展的一般规律，在资本主义越发达的地方，社会主义就越容易实现。但美国作为世界上最发达的资本主义国家，却迟迟未见社会主义在那里发生，这是美国的社会发展与马克思主义理论的"例外"。（2）退一步讲，当今世界上的任何一个国家都未曾实现马克思意义上的社会主义，那么同样是资本主义社会，为什么美国的社会主义运动似乎远不如西欧社会的来得声势浩大，甚至于在同样的历史条件下，美国工人运动所取得的成绩似乎远不如西欧国家工人运动的成绩？这是美国社会与同属资本主义国家的西欧社会的"例外"。

在分析完20世纪30年代美国工人运动的发展情况及其呈现如此发展特点的原因之后，笔者以为，"美国例外论"的提法是很有问题的。因为，不论是从同西欧社会具体历史的比较来说，还是从美国工人运动与马克思主义理论的符合程度来说，说美国"例外"，其前提似乎是承认西欧资本主义国家是美国社会发展的模板，或是把马克思关于资本主义命运的预测性论断当作是放之四海皆准的绝对真理。但这样的前提并不成立，因此也就不存在"例外论"的说法。美国工人运动的发展情况确实不同于西欧的资本主义国家，也不同于马克思的预测，而是具有自己的独特性。因此，我们可以说美国的工人运动和社会主义运动发展有其"特殊"之处。

---

① 秦晖：《公平竞争与社会主义——"桑巴特问题"与"美国例外论"引发的讨论》，第91页。

在西欧社会爆发工人运动的时候，美国社会几乎在同一时期也发生了相对激烈的工人运动，并有所成——只不过和西欧社会相比，美国工人运动的成绩有些微弱罢了。在19世纪末到20世纪初，不论是在西欧还是在美国，都发生了声势浩大的工人运动。只不过在欧洲，社会主义政党和工党的力量随之扩大起来。例如，当时，德国的社会民主党得到工会支持，在议会中占据了仅30%的席位；英国工党则在第一次世界大战之后首次入阁。美国境内爆发的激烈的工人运动却只是在一定范围内扩大了社会党的影响力。这期间的工人运动更重要的是与进步主义运动一起，影响了美国的主流政党，使他们出现了改革的倾向。而这点在很大程度上改变了美国工人运动所处的制度环境，也就影响了它之后的走向。那么，美国与西欧社会工人运动发展程度的不同，是否就代表着例外呢？未必如此。仅从20世纪30年代历史来看，经济危机给资本主义世界带来了恐慌，但不论是哪个资本主义国家都未曾因此而走上了社会主义的道路，而是开启了国家干预经济的新发展模式。经济危机给欧洲社会和美国社会带来了不同程度的影响。工人们都面临着生计受到威胁的问题，激进主义也在这时得到发展。法西斯力量在欧洲的大肆扩张，使得欧洲社会的政治舞台上出现了反法西斯的政治联盟。例如，在英国，工党在1929—1931年短暂执政之后，便因经济危机而失去部分选民支持，只能与保守党组成联合内阁；1936年，法国社会党和共产党、激进党等69个政党建立了反法西斯的人民阵线，在大选中获胜。总体而言，共产党的力量在这一时期或多或少都得到发展，并且在战后更加壮大起来。而在美国，也出现了同样的趋势——虽然美国法西斯主义的力量远弱于欧洲社会的法西斯势力，但美国国内也建立了反法西斯的人民阵线，共产党的力量得到壮大，并逐渐走向民主党的联合。反观德国的社会情况似乎才是"例外"的——在坚持国家社会主义的纳粹党崛起之后，社会民主党的党产被没收，许多党派领袖被迫移居他国；1933年，社会民主党被禁止，直到"二战"之后才得以重建。当我们深入研究每个国家在这一时期的发展过程，就会发现他们都有其"特殊"和"例外"之处。从这个角度来说，"例外论"不过是把国家的特殊放大了而已。

美国工会与社会主义政党之间的长期分离关系也被当作是论证美国例外的一个重要论据。但对比分析就会发现，这种关系其实并不矛盾。

正如马克思所言，工人阶级"反抗的最初目的只是为了维护工资，后来随着资本家为了压制工人而逐渐联合起来，原来孤立的同盟就组成集团，工人们为抵制经常联合的资本而维护自己的联盟，就比维护工资更为必要"①。因此，工会总是早于各种无产阶级政党而出现的。工会的首要目的在于经济斗争，实现工人的眼前利益；社会主义政党的目的则在于从根本上改变工人的被剥削状态，推翻资本主义私有制。鉴于工人群众在阶级斗争中的重要性，社会主义政党总是十分重视与工会之间的关系，并希望工会能够接受自己的指导。但是对工会而言，它首要考虑的是工人群众的眼前利益。为此，当它在经济斗争中感受到来自政治的压力与阻碍时，也会考虑政治运动。但它将选择能够满足工人现实利益的那个政党。也就是说，工会可能与社会主义政党合作，也可能与资产阶级政党合作。② 总体而言，它对待政治的态度应该是中立的。

这点不仅在美国如此，在欧洲的工人运动史上也是如此。在第二国际的发展过程中，党与工会的关系一直是一个大问题。虽然许多政党希望能够领导工会，但在当时，多数欧洲国家的工会希望在政治上保持中立。在1906年的《亚眠宪章》中，法国的工会就明确规定"工会组织不应过问政党问题，会员可以自由参加符合自身哲学观点的活动"③ 等。同时，每个国家中工会与社会主义政党的关系都不尽相同。例如，德国的工会与社会民主党的关系就极为密切。这是因为，工会与无产阶级政党之间关系的密切程度与这个国家的历史政治密切相关。以美国为例。鉴于美国是个历史较短的国家，社会主义政党的建立和社会主义思想的传播要远远晚于欧洲，工人也缺乏为了争取政治上的权利而与社会主义政党并肩作战的机会与记忆。普选权的过早、过易获得，使美国工人缺乏在无产阶级政党的带领下进行政治斗争的经历，对于社会主义政党的政治认同并不算高。而且，当"工人阶级的经济和政治地位随着资本主义经济和资产阶级民主政治的发展而日益提高，工会的地位也相对稳定"④ 之后，工人领袖的态度就显得愈加保守。与欧洲资本主义国家的工人相比，美国工人要比他们更早获得普选权，生活条件也更为优渥，也难怪美国的工会显得更加保守了。此外，社会主义工人党早期同劳联工会之间的恶劣关系、共产党与劳

---

① 《马克思恩格斯全集》第4卷，人民出版社1958年版，第196页。
② 殷叙彝：《社会主义政党与工人运动及工会的关系》，第167页。
③ 殷叙彝：《社会主义政党与工人运动及工会的关系》，第167页。
④ 殷叙彝：《社会主义政党与工人运动及工会的关系》，第170页。

联之间在历史上形成的互相敌视等,都使得美国的工人政党难以得到工会的支持。而在20世纪30年代之后,美国工人的经济地位得到进一步提高,并获得了集体谈判权利,这就使美国工会更加不愿意联合弱小的社会党或共产党,而是支持能够保证这些胜利果实的民主党。

因此,从美国与西欧国家的对比来看,美国工人运动的发展特点——特别是工会主义运动强大而社会主义政治运动衰落的特点——只能说是特殊,而不是"例外"。

因美国工人运动的发展情况与马克思主义理论并不相符而提出"美国例外论",这也是存在问题的。该论断的前提其实是对"资本主义必将被社会主义所取代"这一马克思主义经典论断的盲从或质疑。有些人质疑该论断的正确性,便以美国工人运动或社会主义运动发展的"特殊情况"为例否定马克思主义理论的适用性;又有些人把马克思的这一论断当作绝对真理,对美国社会主义运动不符合马克思主义的理论而感到疑惑。但不论出发点是什么,该论点都不能成立。从当前的现实来看,马克思的这一论断并未实现。不论是西欧的社会民主主义国家,还是东方的现实社会主义国家,都不是马克思构想中的社会主义社会。从这个角度来看,美国的发展情况一点也不例外。而且,非把社会主义未能在美国这个有利于社会主义发生的土壤上发展起来看作是例外于"马克思主义理论"的话,那无疑是以马克思理论推断的绝对正确性为前提,把马克思主义思想当作一种教条来对待——这恐怕不是马克思所认同的。换个角度来说,该论断的未实现并不代表着永远不会实现。人类文明的发展史不过是地球历史的一小部分,资本主义的发展史更不过四五百年。用人类的寿命长度来衡量这段历史,它确实不短;但从社会发展的历史来看,这四五百年的资本主义发展史不过是一个短小的片段而已。因此,资本主义是否会被取代、被什么所取代只能够在未来的发展中被证明。从这个意义上来说,美国工人运动发展特点就更不存在什么"例外"了。

更重要的是,从方法论的角度来看,美国工人运动的发展情况一点也不例外于马克思的历史唯物主义。根据历史唯物主义,人类为了生存而进行的生产活动及其他活动推动着历史向前发展。"为了生存,'社会人'必须促进和发展他自己的生产力,为此他就必须建立与之相适应的各种社会关系，创造他所需要的所有包括规则、习惯与观念在内的上层建筑"①，一旦生产关系不再适应人类生存所需要的生产力，社会人又必然会自觉地推翻这种生产关系，建立起更加适应生产力发展的新生产关系。从前文的分析中，我们已经知道，美国工人运动在20世纪30年代的发展及其发展状况正是社会人（包括工人阶级和资产阶级）为了自己的生存，在特定历史情况下所做出的抉择。这种选择对社会制度进行了调整，使资本主义的生产关系再次适应了生产力的发展，并促进生产的发展，也就拯救了本处于危机之中的资本主义社会。所以，美国工人运动的情况和美国社会的发展情况一点也不"例外"于马克思的历史唯物主义理论。只不过由于每个国家的经济、社会、文化和历史情况不同，马克思的这一理论在不同国家的发展中表现出不同的形态而已。

简而言之，不论是把美国工人运动的发展历史同西欧发达资本主义国家中工人运动的发展史进行对比，还是把美国社会的发展情况与马克思的理论进行对比，所谓的"美国例外论"都是不成立的。这一论断的前提是用西欧的发展模式或教条式地运用马克思主义理论来评判美国工人运动的发展情况。或许，我们应该放弃以欧洲为中心来看待美国的工人运动，而仅从其对美国社会变革的作用角度来研究它。否则，美国将永远被认为是一个"例外"。美国工人运动的发展情况有不同于欧洲的地方，但这不过是历史规律在美国社会的特定条件下所展现出的不同姿态而已。20世纪30年代美国工人运动中"工会主义的高涨"与"社会主义的式微"之间并不矛盾，它是工会运动和社会主义运动在美国政治和历史条件下的结果，不过是体现了美国工人运动的特殊性罢了。

---

① 张光明、俞凤：《一元论唯物史观还是"因素论"？——重读普列汉诺夫》，《哲学研究》2016年第12期。

参考文献

一　中文文献

（一）中文专著（包括译著）

《马克思恩格斯全集》第2卷，人民出版社1957年版。
《马克思恩格斯全集》第4卷，人民出版社1958年版。
《马克思恩格斯全集》第8卷，人民出版社1961年版。
陈宝森：《美国经济与政府政策——从罗斯福到里根》，社会科学文献出版社2007年版。
丁淑杰：《美国共产党的社会主义理论与实践》，中国社会科学出版社2006年版。
何顺果：《美国历史十五讲》，北京大学出版社2007年版。
黄平主编：《马克思、恩格斯、列宁、斯大林论美国》，中国社会科学出版社2013年版。
黄绍湘：《美国通史简编》，人民出版社1983年版。
李道揆：《美国政府与美国政治》，商务印书馆1999年版。
刘绪贻：《20世纪30年代以来美国史论丛》，中国社会科学出版社2001年版。
刘绪贻、李存训：《富兰克林·D.罗斯福时代》，人民出版社1994年版。
刘绪贻、杨生茂主编：《美国通史》（6卷），人民出版社2008年版。
陆镜生：《美国社会主义运动史》，天津人民出版社1986年版。
钱满素：《美国自由主义的历史变迁》，生活·读书·新知三联书店2006年版。
王萍：《从清教神坛到福利国家——美国工作伦理的演变》，中央编译出版社 2016 年版。
张友伦、陆镜生：《美国工人运动史》，天津人民出版社 1993 年版。
张友伦：《美国社会变革与美国工人运动》，中国社会科学出版社 1997 年版。
张友伦、李剑鸣主编：《美国历史上的社会运动和政府改革》，天津教育出版社 1992 年版。
张友伦、肖军等：《美国社会的悖论：民主、平等与性别、种族歧视》，中国社会科学出版社 1999 年版。
资中筠：《20 世纪的美国》，生活·读书·新知三联书店 2007 年版。
［德］维尔纳·桑巴特：《为什么美国没有社会主义》，孙丹译，电子工业出版社 2013 年版。
［俄］普列汉诺夫：《论个人在历史上的作用问题》，王荫庭译，商务印书馆 2010 年版。
［美］阿米蒂·什莱斯：《新政 VS 大萧条》，吴文忠、李丹莉译，中信出版社 2010 年版。
［美］伯顿·W. 小福尔索姆：《罗斯福新政的谎言》，李存捧译，华夏出版社 2010 年版。
［美］丹尼尔·T. 罗杰斯：《大西洋的跨越》，吴万伟译，译林出版社 2011 年版。
［美］狄克逊·韦克特：《大萧条》，何严译，邮电大学出版社 2009 年版。
［美］菲利普·方纳：《美国工人运动史》第 1 卷，黄雨石译，生活·读书·新知三联书店 1956 年版。
［美］菲利普·方纳：《美国工人运动史》第 2 卷，黄雨石译，生活·读书·新知三联书店 1963 年版。
［美］弗雷德里克·刘易斯·艾伦：《大繁荣时代》，秦传安译，新世界出版社 2009 年版。
［美］富兰克林·罗斯福：《罗斯福炉边谈话》，张爱民、马飞译，中国社会科学出版社 2009 年版。
［美］富兰克林·罗斯福：《罗斯福自述：走出危机》，张爱民译，新华出版社 2010 年版。
［美］富兰克林·罗斯福：《向前看，在路上》，张爱民、刘立丹译，华中科技大学出版社 2011 年版。

［美］哈里·C. 卡茨等：《集体谈判与产业关系概论》，李丽林、吴清军译，东北财经大学出版社 2010 年版。

［美］赫伯特·斯坦：《美国总统经济史》，金清、郝黎莉译，吉林人民出版社 2011 年版。

［美］加里·M. 沃尔顿、休·罗考夫：《美国经济史》，王珏等译，中国人民大学出版社 2011 年版。

［美］利维森：《工人阶级多数》，商务印书馆翻译组译，商务印书馆 1976 年版。

［美］米尔顿·弗里德曼、安娜·雅各布森·施瓦茨：《大衰退 1929—1933》，雨珂译，中信出版社 2008 年版。

［美］斯坦利·L. 恩格尔曼、罗伯特·E. 高尔曼主编：《剑桥美国经济史》第三卷，蔡挺、张林等主译，中国人民大学出版社 2008 年版。

［美］威廉·福斯特：《美国共产党史》，梅豪士译，世界知识出版社 1957 年版。

［美］维托·坦茨：《政府与市场》，王宇等译，商务印书馆 2014 年版。

［美］西德尼·塔罗：《运动中的力量：社会运动与斗争政治》，吴庆宏译，译林出版社 2005 年版。

［美］亚当·科恩：《无所畏惧：罗斯福重塑美国的百日新政》，卢晓兰译，天津教育出版社 2009 年版。

［美］约翰·尼古拉斯：《美国社会主义传统》，陈慧平译，社会科学文献出版社 2011 年版。

［美］詹姆斯·坎农：《美国共产主义运动的头十年：一个参加者的报告》，张鼎五译，商务印书馆 1963 年版。

［英］E. P. 汤普森：《英国工人阶级的形成》，钱乘旦等译，译林出版社 2001 年版。

（二）中文期刊

卞历南：《论美国劳联的蜕变及其历史根源》，《东北师大学报》（哲学社会科学版）1985 年第 6 期。

邓超：《进步主义改革对美国社会主义运动的影响》，《当代世界与社会主义》2012 年第 1 期。

邓超：《桑巴特问题的探究历程》，《史学理论研究》2013 年第 2 期。

丁淑杰：《美国社会主义运动曲折发展的原因分析》，《华中师范大学学报》（人文社会科学版）2003年第1期。

郭更新、丁淑杰：《二十世纪美国社会主义的潮起潮落》，《当代世界与社会主义》2000年第3期。

郭瑞芝、白建才：《论美国〈塔夫脱—哈莱特法〉》，《陕西师范大学学报》（哲学社会科学版）2012年第4期。

赖海榕：《资本主义起源与社会主义研究的界碑——关于桑巴特及其〈为什么美国没有社会主义？〉的评述》，《马克思主义与现实》2001年第4期。

李会欣：《二战后美国劳工运动的变迁》，《当代世界社会主义问题》2001年第1期。

梁大伟：《论19世纪末20世纪初美国社会主义运动的历史性转折——以1877年铁路工人大罢工为中心的考察》，《社会主义研究》2016年第4期。

刘达永：《罗斯福新政时期美国工人动态分析》，《四川师范大学学报》1988年第1期。

刘疆：《大萧条与人民阵线时期的美国工人与美国共产党》，《内蒙古师范大学学报》（哲学社会科学版）2003年第1期。

刘军：《桑巴特命题的联想——读〈为什么美国没有社会主义〉》，《北大史学》（年刊）2005年。

刘绪贻：《罗斯福"新政"、劳工运动与劳方、资方、国家间的关系》，《美国研究》1992年第2期。

陆镜生：《关于罗斯福"新政"时期劳工立法的讨论》，《上海社会科学院学术季刊》1988年第4期。

秦晖：《公平竞争与社会主义——"桑巴特问题"与"美国例外论"引发的讨论》，《战略与管理》1997年第6期。

师松：《美国劳动骑士团的命名和盛衰的根源》，《中国工运学院学报》1992年第6期。

陶文昭：《西方共产党的特色论及其启示》，《马克思主义与现实》2010年第4期。

王锦瑭：《美国劳动骑士团衰落的原因浅析》，《武汉大学学报》（社会科学版）1986年第2期。

王瑾：《西方社会运动研究理论述评》，《国外社会科学》2006年第2期。

席佳蓓：《论美国的社会结构对美国工人阶级的影响》，《内蒙古民族大学学报》（社会科学版）2003年第1期。

许宝友：《从桑巴特到李普塞特的美国社会主义例外论》，《科学社会主义》2005年第1期。

许国林：《胡佛的自由放任主义哲学与反危机政策的失败》，《历史教学问题》2009年第5期。

殷叙彝：《社会主义政党与工人运动及工会的关系》，《马克思主义与现实》2009年第4期。

张光明、俞凤：《一元论唯物史观还是"因素论"？——重读普列汉诺夫》，《哲学研究》2016年第12期。

张小青：《论美国进步主义运动的思想背景》，《中国社会科学院研究生院学报》1987年第5期。

张友伦：《20世纪60年代的美国工人运动》，《国际共运史研究》1988年第1期。

张友伦：《"职业意识论"和六十年代美国工人运动的现实》，《史学集刊》1991年第1期。

张友伦：《二次大战后美国工人阶级结构的变化——兼评美国学者关于阶级的理论》，《历史研究》1994年第2期。

张友伦：《美国工人运动和社会主义无关吗？》，《美国研究》1984年第4期。

张友伦：《试论美国早期工人运动的特点——关于美国和西欧工人运动的比较研究》，《河北师院学报》（社会科学版）1996年第1期。

周余祥：《试析卡尔文·柯立芝的劳资理念及其实践》，《中南大学学报》（社会科学版）2011年4月。

周治滨：《美国产业工人联合会的兴起及其历史意义》，《国际共运史研究》1988年第2期。

［美］弗里德里克·特纳：《边疆在美国历史上的重要性》，黄巨兴译，《历史译丛》1963年第5期。

［美］裴宜理：《社会运动理论的发展》，阎小骏译，《当代世界政治经济与社会主义》2006年第4期。

(三) 学位论文

邓超:《美国转型年代的社会冲突与社会控制——美国社会主义运动衰微原因研究》,博士学位论文,北京大学,2011年6月。

周余祥:《卡尔文·柯立芝时期美国劳资关系研究》,博士学位论文,华东师范大学,2013年5月。

二 英文文献

(一) 英文专著

Aaron Brenner, et al eds., *The Encyclopedia of Strikes in American History*, London: Routledge, 2009.

Ahmed White, *The Last Great Strike: Little Steel, the CIO, and the Struggle for Labor Rights in New Deal America*, Oakland: University of California Press, 2016.

Anthony Oberschall, *Social Conflict and Social Movements*, Englewood Cliffs: Prentice Hall, 1973.

Anthony V. Esposito, *The Ideology of the Socialist Party of America, 1901 – 1917*, New York: Garland Publishing, 1997.

Barry T. Hirsch & John T. Addison, *The Economic Analysis of Unions: New Approaches and Evidence*, Boston: Allen & Unwin Inc., 1986.

Benjamin Gitlow, *I Confess: the truth about American Communism*, New York: E. P. Dutton & Co. Inc Publishers, 1940.

Bert Cochran, *Labor and Communism: the Conflict that Shaped American Unions*, Princeton: Princeton University Press, 1979.

Bertram Benedict, *The Larger Socialism*, New York: Macmillan, 1921.

Bruce Nelson, *Workers on the Waterfront: Seamen, Longshoremen and Unionism in the 1930s*, Urbana: University of Illinois Press, 1990.

Bureau of Labor Statistics, *Labor in the South*, Washington D. C.: US Government Printing office, 1947.

Bureau of the Cencus, *Historical Statistics of the United States, 1789 – 1945*, Washington D. C.: U. S. Government Printing Office, 1949.

Communist Party of America, *Manifesto and Program*, *Contitution*, *Report to the Communist International*, Chicago: Communist Party of America, 1919.

Daniel Bell, *Marxian Socialism in America*, Princeton: Princeton University Press, 1967.

Darryl Halter ed., *Workers and Unions in Wisconsin*, Madison: Wisconsin Historical Society Press, 1999.

Donald Drew Egbert & Stow Persons eds., *Socialism and American Life*, Princeton: Princeton University Press, 1952.

Edward J. Hobsbawm, *Worlds of Labour*, London: George Weidenifeld & Niclolson Limited, 1984.

Edward Levinson, *Labor on the March*, New York: University Books, 1956.

Edward P. Johanningsmeier, *Forging American Communism: The Life of William Z. Foster*, Princeton: Princeton University Press, 2014.

Eileen Boris & Nelson Lichtenstein, eds., *Major Problems in the History of American Workers*, Boston & New York: Houghton Mifflin Company, 2003.

Eric Arnesen, *Brotherhoods of Color: Black Railroad Workers and the Struggle for Equality*, Cambridge: Harvard University Press, 2001.

Frank Tracy Carlton, *Organized Labor in American History*, New York: D. Appleton, 1920.

Fraser M. Ottanelli, *The Communist Party of the United States: From the Depression to World War II*, New Brunswick and London: Rutgers University Press, 1991.

Gwendolyn Mink, *Old Labor and New Immigrants in American Political Development: Union, Party, and State, 1875-1920*, Ithaca: Cornell University Press, 1986.

Harold C. Livesay, *Samel Gompers and Organized Labor in America*, Boston: Little Brown, 1978.

Harvey Klehr, et al., *The Soviet World of American Communism*, New Haven & London: Yale University Press, 1998.

Harvey Klehr, *The Heyday of American Communism: The Depression Decade*, New York: Basic Books Inc. Publishers, 1984.

Ira Katznelson and Aristide R. Zolberg, eds., *Working-Class Formation: Nineteenth-Century Patterns in Western Europe and the United States, New York: Princeton University Press, 1986.

Irving Bernstein, *The Turbulent Years: A history of the American Worker* 1933 – 1941, Illinois: Haymarket Books, 2010.

Irving Bernstein, *The Lean Years: A History of the American Worker* 1920 – 1933, Baltimore: Penguin Books, 1966.

Jack Ross, *The Socialist Party of America: A Complete History*, Lincoln: University of Nebraska Press, 2015.

James G. Ryan, *Earl Browder: The Failure of American Communism*, Tuscaloosa: University of Alabama Press, 1997.

James Oliver Morris, *Conflict within the AFL: A Study of Craft Versus Industrial Unionism* 1901 – 1938, Ithaca: Cornell University, 1958.

James Patrick Cannon, *The Struggle for a Proletarian Party*, New York: Pathfinder Press, 1972.

James Weinstein, *The Decline of Socialism in America* 1912 – 1925, New Jersey: Rutgers University Press, 1984.

Janet Irons, *Testing the New Deal: The General Textile Strike of* 1934 *in the American South*, Urbana: University of Illinois Press, 2000.

Jaqueline Jones, *American Work: Four Centuries of Black and White Labor*, New York: W. W. Norton, 1998.

Jeffrey W. Meiser, *Power and Restraint: The Rise of the United States*, 1898 – 1941, Georgetown: Georgetown University Press, 2015.

John H. Kautsky, *Marxism And Leninism, Not Marxism-Leninism*, London: Greenwood Press, 1994.

John Newsinger, *Fighting Back: The American Working Class in the* 1930s, London: Bookmarks Publications Ltd., 2012.

John R. Commons, et al., *History of Labor in the United States*, Vols. 1 – 4, New York: Macmillan, 1918 – 1935.

Kate Weigand, *Red Feminism: American Communism and the Making of Women's Liberation*, Baltimore & London: The Johns Hopkins University Press, 2001.

Kevin Boyle, *Organized Labor and American Politics*, 1894 – 1994: *The Labor-*

Liberal Alliance, Albany: State University of New York Press, 1998.

Kim Voss, *The Making of American Exceptionalism: The Knights of Labor and Class Formation in the Nineteenth Century*, Ithaca: Cornell University Press, 1994.

Lewis Levitzki Lorwin, *The American Federation of Labor: History, Policies and Prospects*, Washington D. C. : Brookings Institution, 1933.

Louis Hartz, *The Liberal Tradition in America*, San Diego: Harcourt Brace Jovanovich, 1991.

Louis S Reed, *The Labor Philosophy of Samuel Gompers*, New York: Columbia University Press, 1930.

Mark Solomon, *The Cry was Unity: Communists and African Americans, 1917 – 1936*, Jackson: University of Mississippi Press, 1998.

Marry Ritter, *The American Labor Movement: A Short History*, New York: Macmillan, 1924.

Maurice Isserman, *Which Side Were You On? The American Communist Party during the Second World War*, Urbana: University of Illinois Press, 1993.

Max Green, *Epitaph for American Labor: How Union Leaders Lost Touch with America*, Washington D. C. : AEI Press, 1996.

Melvyn Dubofsky, *We Shall Be All, A History of the Industrial Workers of the World*, Champaign: University of Illinois Press, 2000.

Michael Burawoy, *Manufacturing Consent*, Chicago: University of Chicago Press, 1979.

Michael E. Brown, et al. eds. , *New Studies in the Politics and Culture of U. S. Communism*, New York: Monthly Review Press, 1992.

Michael Kazin ed. *The Princeton Encyclopedia of American Political History*, Princeton: Princeton University Press, 2010.

Milton Cantor, *American Working Class Culture: Explorations in American Labor and Social History*, Westport: Greenwood Press, 1979.

Milton Derber & Edwin Young, eds. , *Labor and The New Deal*, Madison: The University of Wisconsin Press, 1957.

Milton Meltzer, *Bread and Roses: the Struggle of American Labor, 1865 – 1915*, New York: Random House, 1973.

Morris Bartel Schnapper, *American Labor: A Pictorial Social History*, Washington D. C. : Public Affairs Press, 1975.

Morris Dickstein, *Dancing in the Dark: A Cultural History of the Great Depression*, New York: W. W. Norton & Company, 2010.

Nathan Glazer, *The Social Basis of American Communism*, New York: Harcourt, Brace & World, Inc. , 1961.

Patrick Renshaw, *American Labor and Consensus Capitalism*, 1935 – 1990, Jackson: University Press of Mississippi, 1991.

Peter Hannaford, *The Quotable Calvin Coolidge: Sensible Words for a New Century*, Bennington: Images from the Past, 2001.

Peter L. Francia, *The Future of Organized Labor in American Politics*, New York: Columbia University Press, 2006.

Philip Dray, *There is A Power in A Union*, New York: Anchor Books, 2010.

Philip S. Foner, *Organized Labor and the Black Worker 1619 – 1973*, New York: International Publishers, 1974.

Philip Taft, *Organized Labor in American History*, New York: Harper & Row, 1964.

Philip Taft, *The AFL in the Time of Gompers*, New York: Harper, 1957.

Ralf Dahrendorf, *Class and Class Conflict in Industrial Society*, Stanford: Stanford University Press, 1959.

Richard Theodore Ely, *The Labor Movement in America*, New York: Macmillan, 1905.

Robert Asher & Charles Stephenson, eds. , *Labor Divided: Race and Ethnicity in United States Labor Struggles*, 1835 – 1960, Albany: State University of New York Press, 1990.

Robert H. Zieger, *The CIO*, 1935 – 1955, Chapel Hill: University of North Carolina Press, 1995.

Robert Sobel, *Coolidge: An American Enigma*, Washington. D. C. : Regnery History, 1998.

Robert Sherwood, *Roosevelt and Hopkins: An Intimate History*, New York: Harper & Brothers, 1948.

Robin Archer, *Why is There No Labor Party in The United States?*, Princeton:

Princeton University Press, 2007.

Robin D. G. Kelley, *Hammer and Hoe: Alabama Communists during the Great Depression*, Chapel Hill: University of North Carolina Press, 1990.

Ronald Allen Goldbery, *America in the Twenties*, Syracuse: Syracuse University Press, 2003.

Ronald Charles Kent, *Culture, Gender, Race and U. S. Labor History*, New York: Greenwood Press, 1993.

Ruth L. Horowitz, *Political Ideologies of Organized Labor: The New Deal Era*, New Brunswick: Transaction Books, 1978.

Salvatore Salerno, *Red November, Black November: Culture and Community in the Industrial Workers of the World*, Albany: State University of New York Press, 1989.

Sanford M. Jacoby ed., *Masters to Managers: Historical and Comparative Perspectives on American Employers*, New York: Columbia University Press, 1991.

Saul Alinsky, *John L. Lewis*, New York: G. P. Putnam's Sons, 1949.

Sean Dennis Cashman, *America in the Twenties and Thirties: the Olympian age of Franklin Delano Roosevelt*, New York: New York University Press, 1989.

Selig Perlman, *A Theory of the Labor Movement*, New York: Macmillan, 1928.

Seymour Martin Lipset & Gary Marks, *It Didn't Happen Here: Why Socialism Failed in the United States*, New York: W. W. Norton & Company, 2000.

Seymour Martin Lipset & Reinhard Bendix, *Social Mobility in Industrial Society*, Berkeley: University of California Press, 1959.

Seymour Martin Lipset, *Agrarian Socialism, The Cooperative Commonwealth Federation in Saskatchewan (Up-dated edition)*, New York: Doubleday & Company, Inc., 1968.

Seymour Martin Lipset, *American exceptionalism: A Double-Edged Sword*, New York: W. W. Norton & Company, 1996.

Stanley Aronowitz, *False Promises: The Shaping of American Working Class Consciousness*, New York: McGraw-Hill Book Company, 1973.

Stanley Vittoz, *New Deal Labor Policy and The American Industrial Economy*,

Chapel Hill: The University of North Carolina Press, 1987.

Staughton Lynd ed. , "We Are All Leaders": The Alternative Unionism of the Early 1930s, Urbana & Chicago: University of Illinois Press, 1996.

Sterling D. Spero & Abram Lincoln Harris, The Black Worker: The Negro and The Labor Movement, New York: Atheneum, 1968.

Theodore Drapper, American Communism and Soviet Russia, New York: Vintage Books, 1986.

Theodore Drapper, The Roots of American Communism, New Brunswick: Transaction Publishers, 2003.

United States Department of Labor, Strikes in the United States, 1880 – 1936, Washington: Government Printing Office, 1938.

Vincent J. Roscigno & William F. Danaher, The Voice of Southern Labor: Radio, Music and Textile Strikes, 1929 – 1934, Minneapolis & London: University of Minnesota Press, 2004.

Walter Galeson, The CIO Challenge to the AFL: a History of the American Labor Movement 1935 – 1941, Cambridge: Harvard University Press, 1960.

William Forbath, Law and the Shaping of the American Working Class, Cambridge: Harvard University Press, 1991.

(二) 英文期刊

AlanWald, "Search for a Method: Recent Histories of American Communism", Radical History Review, Vol. 61, 1995.

Allison L. Hurst, "Languages of Class in US Party Platforms, 1880 – 1936", Journal of Historical Sociology, Vol. 23, No. 4, December 2010.

Andrew Yarmie, "Employers and Exceptionalism: A Cross-Border Comparison of Washington State and British Columbia, 1890 – 1935", Pacific Historical Review, Vol. 72, No. 4, 2003.

Bernard Sternsher, "Great Depression Labor Historiography in the 1970s: Middle-Range Questions, Ethno-cultures, and Levels of Generalization", Reviews in American History, Vol. 11, No. 2, January, 1983.

Charles Lockhart, "American Exceptionalism and Social Security: Complementary Cultural and Structural Contributions to Social Program Development",

The Review of Politics, Vol. 53, No. 3, Summer, 1991.

D. H. Leon, "Whatever Happened to an American Socialist Party? A Critical Survey of the Spectrum of Interpretations", *American Quarterly*, Vol. 23, No. 2, 1971.

Elizabeth Fones Wolf, "Industrial Unionism and Labor Movement Culture in Depression-Era Philadelphia", *The Pennsylvania Magazine of History and Biography*, Vol. 109, No. 1, January 1985.

Elizabeth Fones Wolf, "Labor and Social Welfare: The CIO's Community Services Program, 1941 – 1956", *Social Service Review*, Vol. 70, No. 4, December 1996.

Eric Foner, "Why Is There No Socialism in the United States?", *History Workshop*, No. 17, Spring, 1984.

Howard Kimeldorf & Judith Stepan-Norris, "Historical Studies of Labor Movements in the United States", *Annual Review of Sociology*, Vol. 18, 1992.

Hyman Berman, "Political Antisemitism in Minnesota during the Great Depression", *Jewish Social Studies*, Vol. 38, No. 3/4, 1976.

Jason Kaufman, "Rise and Fall of a Nation of Joiners: The Knights of Labor Revisited", *The Journal of Interdisciplinary History*, Vol. 31, No. 4, Spring, 2001.

Jay Lovestone, "Imperialism and the American Working Class", *The Workers Monthly*, March 1926.

Jennifer Delton, "Labor, Politics, and American Identity in Minneapolis, 1930 – 1950", *Minnesota History*, Vol. 57, No. 8, Winter, 2001/2002.

John A. Garraty, "The New Deal, National Socialism, and the Great Depression", *The American Historical Review*, Vol. 78, No. 4, October 1973.

John L. Shover, "The Communist Party and the Midwest Farm Crisis of 1933", *The Journal of American History*, Vol. 51, No. 2, September 1964.

Joseph P Ferrie, "History Lessons: The End of American Exceptionalism? Mobility in the United States since 1850", *The Journal of Economic Perspectives*, Vol. 19, No. 3, Summer, 2005.

Larry G. Gerber, "Shifting Perspectives on American Exceptionalism: Recent Literature on American Labor Relations and Labor Politics", *Journal of A-*

merican Studies, Vol. 31, No. 2, August 1997.

Lashawn Harris, "Running with the Reds: African American Women and the Communist Party during the Great Depression", *The Journal of African American History*, Vol. 94, No. 1, Winter, 2009.

Lenard B. Rosenberg, "The 'Failure' of Socialist Party of America", *The Review of Politics*, Vol. 31, No. 3, July 1969.

Maurice Zeitlin & L. Frank. Weyher, "'Black and White, Unite and Fight': Interracial Working-Class Solidarity and Racial Employment Equality", *American Journal of Sociology*, Vol. 107, No. 2, September 2001.

Michael Denning, "The Special American Conditions: Marxism and American Studies", *American Quarterly*, Vol. 38, No. 3, 1986.

Michael Goldfield, "Race and the CIO: The Possibilities for Racial Egalitarianism during the 1930s and 1940s", *International Labor and Working-Class History*, No. 44, Fall, 1993.

Michael Honey, The Popular Front in the American South: The View from Memphis, *International Labor and Working-Class History*, No. 30, Fall 1986.

Murray Seidler, "The Socialist Party and American Unionism", *Midwest Journal of Political Science*, Vol. 5, No. 3, August 1961.

Philip Taft, "The Problem of Structure in American labor", *The American Economic Review*, Vol. 27, No. 1, March 1937.

Richard J. Jensen, "The Causes and Cures of Unemployment in the Great Depression", *The Journal of Interdisciplinary History*, Vol. 19, No. 4, Spring, 1989.

Richard Rose, "How Exceptional is the American Political Economy?", *Political Science Quarterly*, Vol. 104, No. 1, Spring, 1989.

Robert E. Weir, "A Fragile Alliance: Henry George and the Knights of Labor", *American Journal of Economics and Sociology (Special Issue: Commemorating the 100th Anniversary of the Death of Henry George)*, Vol. 56, No. 4, October 1997.

Sean Wilentz, "Against Exceptionalism: Class Consciousness and the American Labor Movement, 1790 – 1920", *International Labor and Working-class His-*

tory, No. 26, 1984.

Sheri Berman, "Path Dependency and Political Action: Reexamining Responses to the Depression", *Comparative Politics*, Vol. 30, No. 4, July 1998.

Sidney C. Sufrin, "Labor Organization in Agricultural America, 1930 – 1935", *American Journal of Sociology*, Vol. 43, No. 4, January, 1938.

Theodore J. Lowi, "Why Is There No Socialism in the United States? A Federal Analysis", *International Political Science Review*, Vol. 5, No. 4, 1984.

Victoria Charlotte Hattam, "Unions and Politics: The Courts and American Labor, 1806 – 1896", Ph. D. dissertation, Massachusetts Institute of Technology, 1987.

Walter T. Howard, "'Radicals Not Wanted': Communists and the 1929 Wikes-Barre Silk Mill Strike", *Pennsylvania History*, Vol. 69, No. 3, Summer 2002.

William E. Forbath, "Courts, Constitutions, and Labor Politics in England and America: A Study of the Constitutive Power of Law", *Law and Social Inquiry*, Vol. 16, Winter 1991.

William W. Rogers, "The Negro Alliance in Alabama", *The Journal of Negro History*, Vol. 45, No. 1, January 1960.

攻读学位期间取得的学术成果

俞凤：《从工资问题的研究看〈1844 年经济学哲学手稿〉与〈资本论〉思想的异同》，《西北工业大学学报》（社会科学版）2017 年第 3 期。

张光明、俞凤：《一元论唯物史观还是"因素论"？——重读普列汉诺夫》，《哲学研究》2016 年第 12 期。

俞凤：《重评洛夫斯顿的美国例外论》，《当代世界社会主义问题》2016 年第 4 期。

俞凤：《21 世纪以来美国共产党的社会主义实践》，《中国国际共运史学会 2014 年年会暨学术研讨会论文集》，2014 年 9 月。

俞凤：《中国与保护的责任：利比亚案例分析》，刘铁娃主编，《保护的责任：国际规范建构中的中国视角》，北京大学出版社 2015 年版。

索 引

B

罢工潮　16,54,55,61,72—74,76—78,82,83,90,92,125,133,140,141

产联　3—7,9,10,16,22,26,64,81—84,87,90,92,97—99,101—104,113,116,120—123,125,129,132,133,138,139,143

D

达伦多夫　47

大萧条　4,6,7,11,13,15—18,20—22,27,28,35,37—39,43,44,46—56,58,59,61,65,67,73,90—92,96,108,110,113,115,117,119—122,124,126,128,129,131,136,137,140—142

地方工会　5,57,58,62,64,70,72,86,99—102,104,122,139

F

反饥饿进军　38,40,41

反失业游行　38,40,41,131,142

纺织工人　6,30,44,51,57,58,65,66,68—72,75,77,79,82,92,98,100,101,123

非熟练工人　3,4,26,32,33,56,62,76,80,106—108,113,131,135,136

G

《国家工业复兴法》　28,55—57,59,60,62,72—74,78—80,91,92,102,123,129,132,133,137,142

《国家劳动关系法》　28,78—80,82,83,89—91,102,123,129,133,137,142

工会运动　4,10,11,18,20,22,25,57,60,84—86,91,97,108—110,113,114,120,122,134,138,139,141,142,148

工人运动　1—5,7—22,24—37,39,41,46,47,49—57,59—62,65,68,70,72—79,82—84,89—

92,94,95,97,98,104,106,109，120—123，125，126，130—135，137—148

龚帕斯　14,109

共和党　24,33,34,37,55,96,115，116,123,124,126,127,136,137,140

H

海运工人　30,65—67,71,72,83,92

黄狗协议　35,57

J

简单工会主义　28,49,75,76,108,109,113,123,125,127,136,138

阶级意识　5,10,14,22—24,47,74,76,108,133

进步主义　16,21,31,33,37,52,55,91,103,126,141,145

K

卡车司机　49,65,67,69,71,72,83,92,140

开放工厂　30,33,50,59,60,67,76,84

L

劳动骑士团　1,32,57

劳联　3—7,9,16,18,22,26,28,31—33,36,44,45,48,49,57—59,62,64—76,80—83,87,90,92,97,98,100,101,104,107—109,112,113,116,119,120,122,123,125,128,129,131—133,136,138,139,143,146

例外论　2,20,29,118,143—145,147,148

刘易斯　15,16,80,83,97,98

罗斯福新政　15,16,18,20,25,53,55,73,91,108,112,123,124,133,137

M

马克思　8,18—21,23,29,46,47,95,105,106,110,119,121,128,134,136,139,144—148

美国工人党　69,95,99,103,111

美国共产党　7—9,13,16,18,20,21,38—41,49,50,64,65,69,90,95—97,103,104,110,111,113—122,127,129,131,132

美国社会党　3,26,28,38,94—96,102—106,111,128,132

民主党　2,4,7,13,16,24,28,33,37,49,55,91,93—97,99,100,102,104,108,112—116,122—129,132—134,136—143,145—147

N

农业工人　6,15,61—65,121

Q

汽车零件工人　65,66,69,71,

S

社会主义　1—4,7,13,16—22,25,26,28,30,32,33,36,37,39,45,52,54,59,69,73,75,76,91,92,94,95,103—106,109—113,115,118,119,121,122,124,125,127,128,131—136,138,139,142—148

失业工人　26,27,35,37—43,46—50,53,55,56,62,67,71,73,91,97,108,110,112,113,116,117,122,124,131,132,136,138—142

熟练工人　11,12,26,31,32,36,52,76,106—108,113,128,135,136,139

双重工会主义　7,64,65,81,97,72,92

W

无党派联盟　102,123

X

选举　16,24,25,31,33,37,50,52,55,58,76,88,90,91,95,96,98,99,101,102,104—106,108—112,114,115,118,123,126—128,132—134,136,137,139,142,143

Z

在业工人　26,27,37,39,42,43,46—50,53,54,56,62,67,91,92,97,117,131,132,136,141

政治独立　94,125,139

致 谢

2020年，谁都没曾想到会以一场传染性极强的新冠肺炎疫情开端，而它在全球范围内的结束目前看来似乎还遥遥无期。疫情改变了我们的许多习惯，也令我更加深刻地感受到生命的渺小与世事的无常。而在这样的时局下，我的第一本拙作就要出版了，每当想到此，我都十分期待并心怀感恩。本书由我的博士论文修改而成。在修改书稿的过程中，北大那四年纯粹而美好的时光又在眼前重现，令我怀念不已。犹记得入学时的激动与不安，与导师讨论选题过程中所经历的种种疑惑与豁然开朗，以及论文写作过程中的焦灼与欣喜。如今，这篇凝聚多年心血的小文终于要成书了，我的心中充满了感激。

感谢北京大学和这里的恩师，如果没有燕园的这段际遇，我无法成为如今的自己。特别要感谢我的导师张光明教授，他在学习、工作和生活上都给我带来了巨大的帮助和深远的影响。老师耐心地引领我进入一个全新的知识领域，在我感到不自信时给予我莫大的鼓励和支持。从本书的选题到成稿，他为我提供了许多宝贵的意见，并不厌其烦地帮我审读、修改，这才促成本书最重要基础部分的完成。虽然老师扎实的学术积累和严谨求实的学术态度令我敬佩不已，但他那正直、单纯，从不随波逐流，始终坚守本心的个性与人格更令我折服。希望在未来的路上，我也能够不被俗事左右，成为一位坚守信仰、不忘初心之人。

感谢北京大学世界社会主义研究所的黄宗良教授、孔凡君教授、关贵海教授、项佐涛副教授和郭洁副教授，他们教给我许多知识，并为本书的选题与初稿提出了宝贵的建议；感谢胡振良教授、林德山教授和蒲国良教授，他们为书稿的完善提出了重要的修改意见和指导；感谢纽约大学国际交流中心副主任巴奈特·鲁宾（Barnett Rubin）研究员和赛义德·萨比尔·易卜拉希米（Said Sabir Ibrahimi）先生，他们在我赴美访学搜集论文资料期间为我提供了许多便利与帮助；感谢我的硕士导师刘铁娃副教授，对我而言，她是一位亦师亦友的存在，不管是在学习工作还是生活中，她一直都在给予我真诚的建议和无私的帮助，为我提供了许多机会。还有许多老师需要感谢，他们在不同的时期都对我有过莫大的帮助。

感谢中国社会科学院美国研究所为我的学术研究提供开放的氛围和丰富的资源，感谢社会文化研究室的每一位同事给予我的照顾与帮助。我很庆幸在2017年毕业之后加入到美国所社会文化研究室这个大家庭，感受着轻松愉悦的工作氛围和温暖的同事之情。在本书的修改过程中，他们给了我许多的鼓励与帮助，对此我深表感激。

我还要感谢中国社会科学出版社为本书的出版提供了机会与平台，"博士文库"项目为许多初出茅庐的青年学者提供了重要的机会。在此，我特别要感谢本书的责任编辑黄晗，如果没有她，本书不可能如此迅速出版。每次与她的交流都让人如沐春风，她认真、负责的多次审校帮助我提高了书稿的质量。

感谢我的家人们对我的支持与帮助。一路走来，我的父母和姐妹们给了我莫大的支持和鼓励。他们对我那近乎"盲目"的信任总能令我在失意、彷徨时得到力量，找到方向。感谢他们总能够为我微不足道的成绩喝彩，并成为我前进的动力。感谢我的先生，虽然他的工作与我的领域相差甚远，但他总能耐心地与我讨论研究思路，并给出建议，更时不时充当"严师"，敲打我的写作进度。感谢他用爱包容我在写作过程中出现过的坏脾气。

衷心感谢所有关心和帮助过我的人们，愿你们平安顺遂。

最后，希望本书能够为我国对美国工人运动和社会主义的研究起到抛砖引玉的作用。虽然我为本书付出了许多努力，但因才疏学浅，难免有错漏之处，恳请读者斧正。

俞凤
2020年7月于北京